十六个汉字里的日本

姜建强　著

新星出版社　NEW STAR PRESS

新经典文化股份有限公司
www.readinglife.com
出　品

目录

月 /1

月，阙也。大阴之精。象形。
凡月之属皆从月。

雨 /21

雨，水从云下也。一象天，冂象云，
水霝其闲也。凡雨之属皆从雨。

色 /41

色，颜气也。从人从卪。
凡色之属皆从色。

猫 /61

猫，貍属。从豸苗声。

裸 /83

裸，从衣果声。

萌 /99

艹芽也。从艹明声。

神 /113

天神，引出万物者也。从示、申。

翳 /137

翳，华盖也。从羽殹声。

葬 /155

葬，藏也。从死在茻中；一其中，所以荐之。《易》曰："古之葬者，厚衣之以薪。"

樱 /173

樱，果也。从木婴声。

鬼 /195

鬼，人所归为鬼。从人，象鬼头。鬼阴气贼害，从厶。凡鬼之属皆从鬼。

寂 /215

寂，无人声也。

间 /227

间，隙也。从门，从月。夫门夜闭，闭而见月光，是有间隙也。

缩 /255

缩，乱也。从糸宿声。一曰蹴也。

箸 /267

箸，饭攲也。从竹者声。

旬 /285

旬，徧也。十日为旬。从勹、日。

“月，阙也。大阴之精。象形。凡月之属皆从月。”

常说月有色，月光是银白，

然而，明治时期的散文家高山樗牛，

他推定月亮的光是青色，

这是何故？

1

日本有位“月亮诗人”叫明惠上人。他写有著名的月亮诗：

明明的
明明明的
明明的
明明明的
明明的月

黏糊糊的像纳豆般，将人与月交融在一种日式的意象中。这与中国人对月的感觉不同。《红楼梦》中湘云观池中鹤舞，吟出“寒塘渡鹤影”，而一旁的黛玉则对出“冷月葬花魂”。黛玉一不小心将月切换成了葬的一个装置。冷，当然是其属性了。

在日本，月亮女神又名“辉夜姬”。她是日本古老传说《竹取物语》中的主人公，诞生在月亮上，然后落入凡间。一位伐竹老翁有一天在森林的竹芯里，偶然发现了一个只有九厘米高的可爱女孩，全身散发着清辉，便带回抚养。一位月上之人为何降临凡间？据说她在月宫做了坏事（罪）而被罚至凡尘，惩罚期过了便又回归月宫。这位公主在惩罚期内都做了什么呢？她先后拒绝了包括天皇在内的六名贵族的求婚，用禁欲换取了重回月宫的资格。那么从逻辑上看，这位美丽的公主在月宫因性犯罪而被罚的可能性很大。这也恰与粗线条的日本性文化相吻合。因此对日本人来说，“辉夜姬”是他们从孩童时代就熟识的生命体验：凡间是个历劫之地，月宫是个虚幻的圣洁地。

2

日本有“月见”之说。

在日本有这么一句话：月月见，见月之月何其多。但月见之月只能是特定某个月的月，即十五之夜的中秋名月。“名月”这个词，日本人正式使用是在室町时代。江户初期的俳人森川许六，依据对天象的敏感，首先将名月和满月作了俳句季语式的区别。他说：名月仅限八月十五一夜也，明月则四季通运。确实，从历象来说，满月一年有十二回，但八月十五之夜只有一回。

但“月见”亦能生出忧郁与厄运。依据月的阴晴圆缺，生出死生一如的不死观念，因而对月憧憬的同时又生出恐怖，于是在人的精神暗处，住着月的阴影。故日本也有“月忌”的风习，奉劝人们还是不“月见”为好。如日本有“月待”之语。著名民俗学家柳田国男解释道，这里的“待”不是等待月出，而是暗指在神的身边，与神一起过夜。从古风的意义上，“待”（まち）是与“祭祀”（まつり）相近的语言。所以日本人的月见，一开始并不是现代意义上的赏月之意，而是取其反义。望月是被视为禁忌的。《更级日记》里，丧母的孩子们看着洒下的月光，作者便慌忙用衣袖遮住孩子们的脸。为什么要遮脸？是怕望月给人带来不好的预兆。《源氏物语》的“宿木帖”里也有月见是禁忌之事的说法。这些都是畏惧于月光的魔性。

但这个风习在不知不觉中转变成褒义，月见又成了一种优雅的嗜好。平安中期以后，日本流行阿弥陀净土信仰。阿弥陀如来远渡重洋来到这里，正好与山那头挂着的月亮在形象上有联系重叠的一面。再从日本神道背景来看,神道强调月见中含有咒术之趣。月读命是掌控夜国之神。日本人在月见之时供上团子和芋头，以示对月神的感谢。在京都有月读命神社，表明“月读命”身为月神而以古物神为祀。

京都的桂离宫是日本的名园。这里的“桂”来源于中国的“月桂”传说。与银阁寺再建同年，一六一五年，采用小堀远州等人的设计营造的桂离宫，以月见台为主体，名字中以“月”当头的庭园楼阁随处可见，表现出对“月见”的良苦用心。营造者智仁亲王原本是天皇的候补人选，但他与当时的为政者丰臣秀吉和德川家康闹翻，被驱逐出权力圈。这里有趣的点在于，如果说以月见而著名的银阁寺是将军足利义政权力的象征，那么，这座桂离宫则是智仁亲王为逃避凡间而隐居的场所。一个是权力的象征，一个是隐居的象征。在文化史上，足利义政保护“能”的艺术，让其集大成者世阿弥走向幽玄之美，这是通过银阁寺这个权力的“月见”得到的灵感。智仁亲王则以一个失败者的隐居之眼，通过桂离宫的“月见”体验到幽玄之美。同是月见，其路径不同，心境不同，这是多么显而易见。

以设计师和茶人小堀远州为主导的桂离宫设计者当中，有一部分人还同时参与了日光东照宫的设计。众所周知，日光东照宫是家康的灵庙，是德川家的象征，是胜者的骄傲，当属名副其实的太阳建筑。对照名副其实的月亮建筑桂离宫，对设计者来说，阴阳秉持或许是个重要的平衡支点。这种包含桂离宫月见桥的庭园，成了以后大名建造庭园的范本。作为效忠德川幕府的证明，庭园和月见在这里又成了一种媚俗（上）的仪式。用清高淡远（月见）和空灵幽深（庭园）将自己埋葬的同时，也是对为政者的歌功颂德。所以有日本人说桂离宫是败者的象征，其出处就在这里。真可谓阴阳割昏晓。冈仓天心说，小堀远州这样的茶人，追求“夏日的一群树林，微微可见的海洋，淡淡的夕月”，说的是刚刚觉醒的灵魂虽然还未从过去黑暗的梦境中摆脱出来，但已经沉浸在柔软灵光的甘甜的无意识之中，对彼方天空下的自由充满憧憬。桂离宫弥漫的正是水月镜花般的迷离氛围——“淡淡的夕月”。

3

日本也有月亮之歌。老一代日本人都会唱带着哀调的大正时期的月亮之歌。如诗人野口雨情作词的《十五的月亮》：

十五晚上的月亮啊，一路平安
奶奶得空休息了
十五晚上的月亮啊，我的小妹
出嫁到了乡下了
十五晚上的月亮啊，我的妈妈
我还想要见到她

还有西条八十作词、成田为三作曲的童谣《金丝雀》：

忘记了歌唱的金丝雀啊
停在象牙船的银桨上
漂浮在月夜的大海上
想起了早已忘记的曲子

当然，不能不提《荒城之月》，由土井晚翠作词，二十四岁英年早逝的天才作曲家泷廉太郎作曲。那还是明治三十四年（1901）的事情。荒城之月是一种怎样的月呢？

荒城十五明月夜，四野何凄凉。
月儿依然旧时月，冷冷予清光。

浩渺太空临千古，千古此月光。
人世枯荣与兴亡，瞬息化沧桑。

多么凄凉多么哀愁。荒城之月，曾经的荣华，曾经的富贵，都被远久所毁灭。站在被远久毁灭的遗址上，感叹世上只有月之光月之色千古不变，依然泛着清光。一首天籁般的无常之歌。

而将月作动感捕捉的首推《万叶集》，出现了“飞渡云间之月”、“倾转之月”的诗句。将月作静态捕捉的首推《新古今和歌集》，出现了“月如画，皎皎如水”的咏唱。歌人西行的亮点则在将月定格于向往西方净土的一种美的意识。夜空下，带着祈愿昂首西天，“西行”这个号的由来都具有了象征意味。由此出发，又生出了“雪月花”这一独特的感受：没有一丝云彩的月，才是至高之美，华丽之美。安土桃山时代的琳派绘师喜欢画的“秋月纹样”，意匠化于莳绘装饰、屏风、狂言衣饰之上，就是受惠于这一独特的感受。

当然日本还有经久传世的以月为题材的美术作品。如大正九年（1920）桥口五叶的木版画《神户霄月》，现收藏于东京町田市立国际版画美术馆。大正十五年（1926）上村松园绢本着色画《待月》，现收藏于京都市美术馆。江户时代歌川广重的锦绘《名所江

户百景 星月夜》，现收藏于山口县立萩美术馆。明治十八年（1885）月冈芳年的锦绘《月百姿四条纳凉》，亦收藏于山口县立萩美术馆。这都为日本独特的月文化增添了浓墨重彩的一笔。

发生在江户时代的一个故事说：一位衣着寒酸的男子，有天路过一群赏月的俳句诗人身边。这帮诗人带着戏弄对他说：你也来一句怎样？那位男子在递来的纸上写上“弦月”二字，周围便一片哄笑：啊呀，今夜是满月啊，果然是门外汉。只见那位男子微微一笑，继续写道：弦月如钩心中盼，今宵满月更待时。这位以非常的智慧完胜对手的男子就是小林一茶。

而在日本历代天皇中，素有“异形之王”[①]之称的后醍醐天皇的望月名句，被视为历代珍品中的珍品：

叶月。长月。夜月。
月的寒夜。

4

望月起伤怀，源于平安歌人大江千里。《古今和歌集》收录了他一首和歌：

①异形指怪异的、奇特的。纲野善彦著有《异形的王权》，书中将后醍醐天皇称作“异形”之力的实践者，倡导复活祭祀。书中记载有一事，后醍醐天皇装作祈祷皇后顺产，实则念咒诅咒镰仓幕府。

长空望月，思绪纷然，悲从中来。

秋色人所与共，只有我不胜其哀。

而天皇家的嫡系子孙在原业平，则开了将失恋与月的惆怅相连的先河。歌人曾经交往的女子突然失踪。次年早春，在梅花开艳、月色撩人的夜晚，歌人重忆起旧情，来到失踪恋人的住所，独自开轩望月，至月西斜，遂咏歌：

月非旧时月，春非去年春，

唯有踽凉影，依然昔日身。

当然历史上还有一位让自己的多个女儿入宫，拥有三代天皇外孙的藤原道长，当权力达到顶峰之际，便假托满月歌唱：

斯世我所知，一如我所思。

皎皎望明月，圆满无缺时。

将权势的辉煌与满月无缺相连，是这位日本天皇家的麻烦制造者的杰作。被藤原道长的谋略剥夺了荣光之座的兄长道隆，其女儿定子是一条天皇的皇后，而侍奉定子的是清少纳言。这位清少纳言在《枕草子》中写道："月色分外明亮之夜，以牛车渡川。随着牛步过处，水波漾散，月如水晶般碎裂，委实可赏。”

她是在赞美割裂之美，赞美月被割裂之美。满池碎片，满波碎纹。这位宫廷美人是否想与道长的满月论作观念上的对峙呢？

兼好法师的《徒然草》则更直接地将残月的情趣表面化，将枯荣无常与满月残月相连，透出缺憾美的思想。而日本美学的核心概念之一的幽玄，则干脆强调这么一种风情与灵感：薄云笼罩着的月亮，秋霞洒落的红叶。这种风情便是幽玄之姿。

如果说张爱玲对月亮的体验是“红黄的湿晕，像朵云轩信笺上落了一滴泪珠”，那么写《源氏物语》的紫式部更将自己的心情放了进去：“凉月西沉，夜天如水；寒风掠面，顿感凄凉；草虫乱鸣，催人堕泪。”前者胜在语言的技巧，后者胜在内心的真意。

莫言用“像颜色消退的剪纸一样，凄凄凉凉地挂在天上”来描述月亮，村上春树则用“可怜巴巴的月亮像用旧了的肾脏一样，干瘪瘪地挂在东方天空的一角”来描述。一个是“颜色消退的剪纸”，一个是“用旧了的肾脏”。虽同为东方人，思路有异是肯定的，但是不是村上更胜一筹呢？

5

月有颜色吗？

如果有的话，是白色吗？

明治时期的作家高山樗牛，写有著名的《月夜的美感》的散文。

他推定“月亮的光是青色的”。

因为是青色，所以比红、黄等暖色要冷，表现在人的情感上是安慰、寂寞；比黑、白等亮色要可爱，表现在人的心理上是幽邃、深远。

所以，高山在散文中写道：“要之，青所表示的感情是沉静，是安慰，是冥想，在色相上和赤所表示的全然相反。赤是活动之色，烦恼之色，意欲之色。用比喻来说，赤如大鼓之响，青如横笛之音；赤如燃着情欲的男子，青如沉静之女；赤如傲夏的牡丹，青如耐冬的水仙。”

简而言之，青是什么呢？原来，就是“横笛之音”，是“沉静之女”，是“耐冬之水仙”。

曾与冷泉天皇的两位皇子谈过恋爱的和泉式部，在日记里写月光下的私情，说在某个月白风清之夜，坐在屋檐下独自赏月时，亲王派人送了信来：“回想前夜缠绵欢，身随明月西沉叹。”她也想起那个明月如昼的夜晚，便提笔回信：“两人共赏同一月，独自一人望夜天。”后有人评论说，这不就是“沉静之女”的“横笛之音”吗？

《徒然草》第一百三十七节则是从缺憾美学出发，认定皎白如洗、一望千里的满月，还不如期盼了一夜甚至数夜，到了天快亮才姗姗来迟的月有意味。兼好法师说，此时的月，略带青苍之色，或为树梢所遮断，或为云雨所隐现，极有韵味。

而松尾芭蕉则将章鱼壶、梦黄粱与天边的一轮夏月相连，那么这夏月又将是什么色呢？[1]

6

一轮明明的月亮，有时竟然与死连在一起。

作家濑户内晴美的散文《月夜》中，便体现出了这种意象。

有一年的中秋之夜，她去嵯峨野赏月。

“月亮升高了，已经照不进池子，寺庙的山坡却披满了银白的月色，山影清晰地印在水面上。划船的游客已经归去，池上遍洒着月亮的清辉，显得幽寂宁静。啊，这就是嵯峨野的月夜啊。今年八月十四的晚上，归途中我顺便回了趟故乡，在姐姐住的德岛红叶山赏月。背后群山延绵不绝，眼前的地形和嵯峨一样，土地一片平坦开阔。那儿的月亮也格外清冷迷人。即使如此，姐姐还是说寂庵的月亮该有多美啊。”

但就在赏月的这天夜晚，“我”接到远房表妹自杀的电话。听到这个消息的“我”再次走出院子，继续看月亮。

今宵的明月为何与死相连？寂庵清光辉映的庭院，嵯峨野的月夜，难道给人以死的冲动？清寂的月色有着让人长睡不醒的效用？

“人为离别而相逢，为死亡而生存。”这位女作家得出了人世无常的结论，给人瑟瑟缩缩的感觉。她最后说：带着这番心情，我问

①松尾芭蕉有俳句“章鱼壶中梦黄粱，天边夏月”。

天上的月亮。

《源氏物语》首帖“桐壶”里，桐壶帝的挚爱桐壶更衣死去后，悲情一直难以忘怀，便派命妇看望太君。失去女儿的太君，其悲痛不在桐壶帝之下。人死了，宅院也寒风萧瑟，倍感冷落凄凉。紫式部用“此时只有一轮秋月，繁茂的杂草也遮它不住，明亮地照着庭院”，将秋月与凄凉、与死连在了一起。

看来，月色并不总是给人甜美的感觉。在万叶歌人柿本人麻吕的眼里，月也带有死的影子。或者说，月是死而复活的象征。他有著名的诗句“朝霞出东端，顾盼月西沉”。在他的观念中，白昼与黑夜的交替在本质上是西天月正倾。死是其不变性。

7

明治诗人北村透谷在名作《一夕观》中，学中国古人“念天地之悠悠”的情怀，视太空为“邈邈”，将历史喻为掌中玩转的“醇酒一杯”，于是诞生了“明月姗姗，未及中天。仰望苍穹，众星纷然”的好句子。但写到后来还是不自觉地滑入“幽幽秋草已深，忽闻虫声不绝如缕”的日式情怀。看来，即便是望月或月望，日本人在本质上生出的还是“秋草已深”的悲戚与无常。小说家岛崎藤村从短夜的深邃与空寂，联想到自己等待着的淡淡夏月。他说“夏月的好处在于它不那么过于辉煌”。照理，辉煌有什么不好的呢？但在日本人看来，辉煌的虚幻会遮掩悲情的实质。“月儿出来了。

夕阳的余晖尚未从西边的天空消退，月亮就及早放出和深夜里一样的光芒。”永井荷风在《断肠亭日记》中说，这就是虚幻遮掩了真情。

三岛由纪夫在《金阁寺》中早就断念地说，一双手触及永远，一双手欲伸向人生，这是不可能的事。美的永远存在，阻碍我们的人生。生存中显现的惊鸿一瞥的瞬间美，会倏忽崩溃与灭亡。所以，在三岛的笔下，金阁寺并不总是霞光万丈，令人心生妒忌。月光下的金阁寺生出的悲凉使人有癫狂的冲动，杀人的冲动。“金阁在风声中，夜空下耸立着，和以往一般，内部充满暗郁的气氛。林立的细身木柱在月光的洗礼下，看来如同琴弦一般，金阁就如同巨大而特别的乐器。由于月的位置，使我真的看到今夜这种情景。但是，风儿不断地从这无法鸣响的琴弦间吹过。”而柏木用尽力气的吹奏，仿佛把“池中之月都吹成千万个碎片”。

在学问家和宗教家铃木大拙那里，发现的则是月的无心与禅的无心的合一与一如。作为无心的代表性语言，大拙好用这样一句诗：“竹影扫阶尘不动，月穿潭底水无痕。”意思是说，竹子的阴影照在石阶上，风吹动后，似乎是在扫除石阶上的尘土。但是竹影扫尘，尘是不会动的。月亮照映潭底，但水上是不留痕迹的。这里表现的是无心的世界。这样的无心，才能达到无我。而能从无心到无我，是禅的极致。月无心留影于水，水无心留月。这在剑道上是心剑合一，在武道上就是生死一如。

8

在日本，有月亮是瘟神之说。

传说新罗东海龙王之子处容，其妻美貌非凡。某个月夜，瘟神趁处容不在家，化成人形潜入处容家，与其妻犯下情事。处容外出回家，发现床上有四只脚，便佯装边歌边舞而退。瘟神面对不争不怒的处容，显出原形而认罪，并发誓，今后只要看到他的画像，就不进那家门。从那个时候开始，人们都将处容的画像贴在家门口，以驱避邪鬼。

而处容边歌边舞的处容歌是：

古都的月明之夜
游玩兴至深夜归
进门看见床上四只脚
两只是我妻子的
另外两只是谁的
原本属于我所有
如今被人盗占
我又能奈何

在月明之夜犯下情事，在月明之夜边歌边舞，月的魔力可见一斑。学者中西进在《远景之歌》中说，新罗的处容歌的内容，在日本的《万叶集》中也能寻觅。如卷十一的第二千三百五十三首：

长谷斋槻下，藏匿吾娇妻。

清辉洒月夜，他人秘栖身。

万叶的月，朗朗辉辉。在如此的月色之下，这个“他人”是谁呢？显然是性侵“吾妻”的情事之主角。月下犯情事，就像在樱花树下犯情事一样。花瓣飘落的景象，令人魂飞魄散，恐惧癫狂。而气氛诡秘的赤铜色的月色，也会令人魂飞魄散，癫狂恐惧。万叶人在三轮山（日本人观念中的神体山）看满月，周围被月色照得如白昼一般，在惊叹这种魔力的同时，月下之人本能的冲动就是边歌边舞，边舞边唱，直至癫狂魂飞，肉体成躯壳。所以在人类的记忆中，月亮就是瘟神。当然松尾芭蕉没有直说月亮是瘟神，而是婉转地说这个瘟神会来敲门：“今夜三井寺，月亮来敲门。”

9

井上靖的话剧《芭蕉通夜舟》中有这样一句台词：“月亮为什么会这么美？大概是因为月亮并不属于谁吧。”正因为并不属于谁，所以这颗有四十五亿岁的月球，谁都有解释权和解读权。

日语中有“胧月”一词，表象若隐若现的春天的月亮；有“星月夜”，表象即使没有月亮也有满天繁星的夜晚；有“更待月”，表象夜深之后升起的月亮；有“寝待月”，表象月亮还未升起，遂躺下等待的优雅；有“立待月”，表象立待可见的月亮，因为总有人想急于观赏那轮满月；有“后之月”，表象阴历九月十三的月与八月十五的一样，同属于娄宿，是赏玩月色的良夜（吉田兼好语）。此外，日本人还有“孤月”“淡月”“青月”“素月”之说，都是把心情代入进去的诗性之说。

在日本，六月也叫水无月、凉暮月、蝉羽月、鸣神月、松风月、夏越月、葵月、常夏月、风待月。七夕月[1]也叫“爱逢月”。按这个月开花的花名，也叫女郎花月、穗见月。因为是旧历秋季的开始，也叫秋初月。

说到“胧月”，在日本，白天称作“霞”的事物，夜晚则称作“胧”。春天的夜晚，能看到伴着薄薄云霞的月色，好像被薄绢遮住一般。这就是“胧”。夜晚寺院传来的钟声，在月色下也称作“胧”。

在江户时代，有“二十六夜待”的说法。应该是十五望月的，二十六望月在时间上肯定是晚了，所以二十六夜待表明自己并不风流。以此为借口，男人们到游廓（青楼）去游玩，如品川游廓在二十六日晚上是最为热闹的。

在日本，澄明之月与清净之心属于互证的“自我同一性”。没有被污染的清净才是日本人的至上价值。史书《大镜》记载有平安

①日本人对阴历七月的称呼。

时代的大学者菅原道真所咏唱的汉诗《水中月》，其中一段为：

圆似江波初铸镜，映如沙岸半披金。

人皆俯察虽清净，唯恨低头夜漏深。

这里的观月不为乡愁，也没有憎恨之心，而是对清明的再确认。古代日本人的“見る”（观看）行为，带有吸进灵气、清净心灵的意思。所以，清净之月也就是神性之月。所谓观月，是说在观清净之月的同时，自己也获取了心的澄明。与西洋人望月生出狂气不同，也与中国人望月生出乡愁不同，日本人将望月视为灵力和神性，祈望月的澄明净化自己的心灵，强化自己的生命力，从宗教意义上说具有咒术之意。连那位说出“蓬勃我乳房，教君恣意握”的短歌诗人与谢野晶子，对着月色，也不得不收敛春情缭乱的生命，有意味地将“清”与“净”和“月”相连。

出门花遍野，中宵月色清。

樱花今夜月，行人净丽容。

这样来看，月在日本人的观念中，是柔软的、平滑的、感性的、清净的，又是阴性的、寒冷的、潮湿的、澄明的。这是否就是日本人和那轮与死相连的明月间的月文化呢？他们没有那种“一切水印一月，一月印一切水”的禅家思辨，只知道“我的心难以安慰呀，望着那弃老山上的月亮”（《古今和歌集》），只知道“黄昏的月，锅中啼着的田螺”（小林一茶）。或者少许诙谐一点的话，就是“砍下一棵树，看着切口，今晚的月亮”（松尾芭蕉）。

雨

“雨，水从云下也。一象天，冂象云，
水霝其闲也。凡雨之属皆从雨。”
凄冷惆怅的雨，
在雨巷中拉长、在梧桐叶中沁润。
前者是太息的心机，后者是内敛的气色。
一个唱情歌，一个唱挽歌，
却同在雨的意象中，诉说着恋慕。

1

战后六十年代的日本，有一首非常流行的歌曲叫《相见在有乐町》。歌词唱道“等待着你,外面下着雨”。这句非常日式的歌词，引来日本人的狂喜。有趣的是,如果换成“等待着你,外面刮着风”，就不是日式的。换成“等待着你，外面旭日东升”，也不是日式的。那么，为什么下雨才是日式的?

日本人在等人的时候，不管是女等男还是男等女，都是用“あなた”(anata)这个男女通用词,但一般情况下是女性称呼男性较多。为什么等你的时候要下雨?为什么将下雨与恋人的心相连?有人做过统计，在日本耳熟能详的歌谣中，雨占第一位。其次是寺庙的钟声,再其次是泪。在晴天比雨天多的日本,人们为什么喜欢唱雨?为什么牵动恋人情绪的是雨而不是风?

民俗学家池田弥三郎在《日本人的心绪倾向》一书中解谜道，下了雨的日语更有黏糊糊的感觉，编成歌词，用来表达恋爱，那才是日式的扯不断理还乱的情爱。多少年前，歌手八代亚纪一曲《雨之慕情》拿下第十一届日本歌谣大奖和唱片大奖。每当唱到“雨呀雨呀，下吧下吧，再下大一点，我把爱人带回来”，总是全场齐唱，气氛热烈。演歌评论说，雨从天降，而从雨中走来的爱人想必也非凡人。再加上八代亚纪“摩周湖”似的眼神和沙哑的声腔，把日本人特有的物哀之情表现得非常到位。

再向前追溯，昭和年代的经典歌谣《长崎今天又小雨》更是将下个不停的雨丝与心绪的凌乱相连，从而发出“心爱的人你在哪里？这冷风刺骨的长崎小雨”的感叹。而一九一三年由北原白秋作词的《城岛之雨》，老一代的日本人都会唱：

连绵不绝的细雨
洒落在城岛的海岸
灰暗的雨下个不停

为什么下雨才有恋情的刺激？一个解释是在日本，长时间下雨的时期有两回。一次是五月雨，也就是梅雨期。一次是十月的秋雨，低气压回流激烈，雨期也长。受这两次雨季影响最大的是田地里的农活，雨季正是农田最忙的时候。过去日本有五月不结婚的说法。当然现在再这样说就是笑话了，但五月结婚的禁忌影响至今是事实，如五月是日本酒店业最清闲的月份。农忙时期为什么不能结婚？是因为田神下山来到了田间。这位田神性欲非常旺盛，它到哪里，附近的人就不能结婚，男女也不能共寝。男女分离不能见面的时期，正好与插秧的时期重合，也与下雨联系在了一起。

所以梅雨也叫五月雨（さみだれ）。插秧侍奉田神的女孩叫“早乙女”（さおとめ）。田神下山来到田间，为了欢迎田神，举行的插秧仪式叫“さおり”。农事结束田神回归大山的时期叫“さのぼり”。为什么都有个“さ”？原来这个“さ”就是田神的大名。田神下山来到田间，男女恋爱便要中断，于是借雨思念心中闷郁的恋情成了生活的一部分。雨季男女不能相见共寝的忧愁，在日本人的心中留下了深深的印痕，成了民族记忆。

日本最古的歌集《万叶集》收有大伴坂上郎女的“雨障”歌。大意是：时常避雨不出的你，昨夜却被雨淋湿，说是因平日行为而受到惩罚也不为过。这显然是嘲弄缺乏诚意的恋人不敢出来见面。为什么不敢呢？问题在“雨障”一词。“雨障”日语写作“あまつつみ”，语源出自“慎み”（つつしみ），带有主观抑制的意识，表明雨日属于物忌。在古代，插秧的主角是乙女（少女）们。对她们的基本要求是斋戒沐浴。而要做到这点，就必须暂时断绝男女关系。如果破坏了这个规则，农作物就会歉收。《源氏物语》有一段人人皆知的“雨夜品评”情节。以源氏为首的公子哥为什么不与宫女游玩，而热衷雨夜清谈呢？原来也是忌讳五月雨，男女必须暂时停止交往。“帚木帖”里这样说：长雨连绵不见天晴，宫内不得不持续“物忌”。可见平安朝的宫廷生活就将五月雨列入了物忌。《古今和歌集》收录平安时代女歌人小野小町的一首和歌，非常有名。

她将自己比作“花色”，但这花色在褪色，隐喻自己的春色将尽，将一个人孤寂地活着。这个活着的存在用朦胧梦幻的视线，茫然地注视着连绵的长雨。情思与雨丝形成了淫雨——分离——苦涩——忧烦的构图。这构图后来成了日本美的一个重要元素。

2

嵯峨天皇的第八皇女有智子内亲王，有平安第一女诗人之称，古籍汉文无人可比。这位汉文在历代中也属最高水准的天皇，将自己的皇女送去侍奉贺茂大神，成为斋王，这便是贺茂斋院的开端。为什么要让第八皇女担任斋王？这是日本史上的一个谜。更为令人不解的是这位皇女写的汉诗《春日山庄》：

寂寂幽庄水树里，仙舆一降一池塘。
栖林孤鸟识春泽，隐涧寒花见日光。
泉声近报初雷响，山色高晴暮雨行。
从此更知恩顾渥，生涯何以答穹苍。

写这首诗的时候，皇女刚满十七岁，放到现在是高中生的年纪，但古诗文已经相当出色了。这是首非常工整的七言律诗，其中“泉声”对“山色”，“初雷”对“暮雨”都很有新意。但与此同时，诗中隐藏的一个惊天秘密也暴露在世人的眼前。这里的“暮雨”仅仅是黄昏时分大自然落下的雨吗？非也。它令人想起成语典故“朝云暮雨”，传说楚怀王与巫山神女梦中相会，这位神女临别之际说：“妾在巫山之阳，高丘之阻，旦为朝云，暮为行雨。朝朝暮暮，阳台之下。”言下之意，早上是云，晚上是雨，我将永远在这里等待。由此，“朝云暮雨”又用来指代男女的交欢。如果是这样，这位皇女暗指与谁“暮雨”呢？这首诗是在嵯峨天皇驾临皇女居住的山庄时应命而作。表面看是借山庄之色来表达她对父皇驾临的感激之情，但实际上是否在表达另一层面的“云雨”之交？与谁“云雨”之交？就是如何发挥想象力的问题了。

皇女的诗使得父皇圣心大悦，当即授位三品，并作《赐有智子内亲王书怀》七绝一首：

> 忝以文章著邦家，莫将荣乐负烟霞。
> 即今长抱幽贞意，无事终须送岁华。

与天皇何时再见面？这一天谁能知道？斋院生活与人世隔绝。花宴结束，“我”就要回去了，她会以怎样的心情欢送“我”呢？显然，这里的关键字是“烟霞”。与雾霭雨露有关联的“烟霞”，是在暗示和回味什么？一个用“暮雨”表白，一个用“烟霞”隐喻，天皇家的千年私密都笼罩在蒙蒙的细雨中。

其实，在日本还有一种叫“雨女”的说法。这是一种能降雨的妖怪，从外表看好像是一名全身湿透的女子。最初出自《今昔百鬼拾遗》《百物语 · 雨女》等文献书籍。除了能降雨之外，她还能用她的湿气杀人。这是雨女的看点，也是小说题材中经常出现的情节：雨天，一女子站在雨中，全身湿透。这时如果有男子向她微笑，示意共用一把伞的话，那她就会永远跟着他。问题是男子从此以后会一直生活在潮湿的环境中，由于湿气太重，最终将早早死去。伞下的男女交欢到灵异缠身死去，表明雨女不仅扮演着妖怪的角色，而且还变身为民间信仰的一部分。所以在日本大街上，几乎看不到男女共打一把伞的光景。只要一下雨，日本人就会在站前小店买伞，在观念上就是怕有人躲在他（她）的伞下，自己先买一把再说。多年前出版的漫画《四月一日灵异事件簿》，里面就有一个少女扮相的雨女（一说雨童女）。雨女歪打正着救了绣球花之后，留下一句："既然人类都不救助高贵的生物了，高贵的生物为什么还非要救助人类不可呢？"在这里，雨女又扮演了异次元魔女的角色，并高谈人类理性的不可思议。

而雨天也会使正常人变得神神叨叨，噩梦百出。这是来自《源氏物语》的思路。天近黄昏，阴沉沉，雨凄凄，北风呼号，落叶飞舞。大女公子[1]躺在床上，身着白衫，秀发光艳。久病以来，脸色微白，愈发显得楚楚动人。她日夜思念父亲，似乎看见了父亲的灵魂就在此处。魂灵附体的大女公子顿感罪孽深重，楚楚的哀愁之态夹杂着疯癫狂乱之气。而外边的雨，下得更是凄楚更是荒诞。

---

①即宇治大君，《源氏物语》中宇治十帖的女主角之一，薰君的恋慕之人，八之宫（桐壶帝的第八皇子）的长女。

3

诗人金子光晴说过，最富有日本味的时节是五月雨。在这个时节，人们敏锐地发现，家里阳台上的小西红柿结出了青色的果实。庭院里梅子开始入黄。室内的植物也绽放出花朵。中国人说，春江水暖鸭先知。日本人则说，春江水暖草木知。直到东北地区的南部，日本都进入了梅雨期，这个时期，整个日本列岛都是雨蒙蒙、湿漉漉。

雨的恩惠来自于风土。日本是世界上雨水最多的国家之一。全国平均降雨量约为一千六百毫米，而世界平均降雨量只有一千毫米。连全年降雨量不算多的东京，也在一千五百毫米左右，超过世界平均水平五百毫米。三重县是日本降雨量最多的地区，为四千五百毫米。或许由此故，一千多年前的大伴家持才敢在《万叶集》里唱出如此底气十足的歌：叫它下雨就下雨，何必要乞雨？今年必是好收成。

一般而言，恩惠之雨叫“甘雨”或“慈雨”。但日本人不习惯这样的叫法，因为他们从不缺雨水，也就难以生出“甘”与“慈”的被动概念。但日本有“喜雨”之说，表示偶尔干旱逢雨的喜悦。而上天赐予的雨也叫“瑞雨”。这个“瑞”字，是旧时天子封诸侯时的用语。虽然日语的“水”和“瑞”同出“みず”的语源，但气象学者宫尾孝认为，这不等于说日本人也有“瑞雨”的思维。他认为日本人在很大程度上更易接受佛教“一味之雨”的说法，强调雨对万物的平等，在本质上是广布大地的。

由于雨水太多，日本人对雨的感受也就变得更敏锐、更细腻。在日本，雨的叫法非常多。如与梅雨相连的季语就有三十多个。菜花开绽的雨叫“菜种梅雨”。樱花时节的雨叫“花雨”。“时雨”一般指秋冬的雨，但春天也有“春时雨”。“夕立”是夏天的骤雨。如果这骤雨来得猛烈，“白雨”的叫法就恰如其分。阴雨连绵生出霉的叫“黴雨”。长时间下雨叫“梅霖”。雨下得很大叫“男梅雨”。梅雨连绵，给人湿淋淋感觉的叫“梅雨湿”。肌肤感到寒冷的叫“梅雨寒”。出梅叫“梅雨晴”。“入梅”日语叫“梅雨入り”(つゆいり)。

在吟咏梅雨的名句中，有芭蕉的“梅雨季，浊浪云集最上川，涛声急”。这是芭蕉在一六八九年吟出的俳句，虽然几百年过去了，在提起梅雨时仍然是不得不引用的名句。最上川发源于福岛县的吾妻山，是日本三大激流之一。俳句与其说是在写最上川的力量与速度，还不如说是写梅雨的力量与速度，展示了一幅动态的梅雨图。同是五月雨的题材，与谢芜村的俳句是“五月烟雨，大河滔滔，岸边两户人家”。这里的有趣点在“两户人家”。梅雨引发洪灾，茅舍孤立，如果是一户人家，则显得无对立、无紧张感。而如果是两户人家的话，梅雨的恐惧就出来了。同样是表现梅雨的力量与速度，但显现的是一幅静态的梅雨图。

一个动态，一个静态，描绘的都是五月雨的物理之力。除了物理之力外，梅雨还能生出什么呢？江户中期倡导回归芭蕉时期俳句风格的俳人大岛蓼太，写出了这样的五月雨：“五月细雨，在静默的夜晚，松间月。”是呀，连绵梅雨令人心烦。但就在一夜间，明月忽然从松树林的背面悄然露脸。确实久违，也确实大喜过望。月色落庭前，这五月雨的寂，这五月雨的眠。这里，梅雨不再仅仅是力量与速度，也不再仅仅是二元对立的紧张关系。梅雨成了情绪的调色板，还是美学意象中的一颗青梅。同样，明治俳人河东碧梧桐的“五月淫雨，乌鸦足踏草丛，于水洼之中”，则将梅雨天与乌鸦相连。乌鸦足踏草丛，而这块草丛已经被雨水浸没。这位正冈子规的崇拜者想用五月雨表现一种感受时代气息的呐喊。因此有学者认为，这首俳句标志着日本近代俳句的诞生。

4

潮湿的空气。菖蒲花香。杜鹃鸣叫。梅雨。黄昏。

曾在镰仓初期担任过太政大臣的贵族官员藤原良经，将其组合成和歌咏唱：菖蒲的花香也带上湿气，暮色黄昏中的梅雨，杜鹃在啼叫。

这里用听觉、触觉和视觉，构成五月雨的诗意和虚幻的世界。幽暗与孤寂总是带有挥之不去的日式惆怅。就像在暮色黄昏，寺院的晚钟在悠悠地回荡，春樱顿然落英纷纷。还有比这更惆怅的吗？

这种惆怅显然与中式的不同。同样是写梅雨，同样是写惆怅，宋代诗人贺铸《青玉案·凌波不过横塘路》的一句“试问闲愁都几许？一川烟草，满城风絮，梅子黄时雨”，则表现了一种轻快的穷愁。

烟草、风絮和梅雨构成的三维景象，虽然具有美学意义，但缺乏那种能扯动人的神经、能侵吞人的知性的孤与寂。因为有一种美需要跨越时光的隧道，才能在繁华凋尽的心绪上反复吟读。

戴望舒有“撑着油纸伞，独自 / 彷徨在悠长，悠长 / 又寂寥的雨巷”的诗作。丁香姑娘的那种愁怨，用雨巷来表现出凄婉迷茫的感觉，当属雨诗中的绝唱。日本有与之配对的诗句吗？确实难寻。因为同样是雨，一个是江南的雨，一个是岛国的雨；同样是绿，一个是江南的绿，一个是岛国的绿，总是在不经意间显现出异样与异调。但在《万叶集》中，有一首最为接近这种思路：雨还是淅淅沥沥地下不停，满地的梧桐叶，雨滴拍打之声。我等待中的人还是没有来。只有雨打梧桐声，寂感顿生。

一个是将孤与寂在雨巷中拉长再拉长，一个是将孤与寂在梧桐落叶中沁润再沁润；一个是太息的心机，一个是内敛的气色。一个唱情歌，一个唱挽歌。都是在雨的意象中对恋的再叹再息与默默彳亍。这就像日本人总是用梅对莺，中国人总是用梅对雪一样，前者是日式的情绪，后者是中式的发想。

写《日本外史》的赖山阳的三儿子赖三树三郎，在“安政大狱”中被捕后，写有一首汉诗《春簾雨窗》：

春自往来人送迎，爱憎何事别阴晴。
落花雨是催花雨，一样檐声前后情。

从心情上看，一个行将死去的人，并没有“有花无月恨茫茫，有月无花恨转长”（唐伯虎语）的中国式的连绵不绝的恨与仇。前者从“春簾雨窗”催生出“前后情”，如同芥川龙之介所说：一个雪霁的薄暮，我看见落在邻居屋顶上的纯蓝色的乌鸦。看来日本人还是将雨季当作了磨炼品格的季节。实体与阴影，色相与虚无，现实与梦幻，所有的一切都在水气雾色中用一种循环的方式，让自己的生命尽可能地明亮与透彻。所以，日本人不解中国式的美学意象：有花无月为什么要恨？有月无花为什么也要恨？在他们看来，花会凋谢，月会残缺，人会衰亡。所以，人要惜美。美因为有了灭寂的命运，才愈显美丽。能剧作家世阿弥曾如是说。恰恰是凋谢与残缺的命运，诱惑着人的爱慕之心和感伤之心。他们也不理解中国人“水落石出”的思考路径。为什么一定要旗帜鲜明地“水落”与“石出”呢？不落或半落行不行？不出或半出是否更好？原来，在非黑即白之间，日本人更在意非黑非白的中间色。这也是美学家大西克礼在《幽玄与物哀》中，对“幽玄”的界定：“不直接显露，不直接表白。”

5

日本有“雨に降られた”（碰上下雨了）的说法。那么回答的人一般会说“困ったんだ”（真倒霉）。这里“真倒霉”并不是说日本人讨厌下雨，而是一种被动体文化长年积淀，发酵成一种下意识

的表现。一下雨就打起伞来，也是雨文化内化后的下意识行为。据统计，日本人平均带伞的天数，一年有九十天，梅雨季几乎是每天带伞。日本平均每年伞的需求量是八千万把，而欧洲只有两千万把。在语言学校，日语老师常拿这句话作例子讲述被动语态的使用方法。但现在年轻人不太使用这个表达方式了，而改为“雨が降って、困った”（下雨了，真麻烦）的说法。因为下还是不下并不是自己能控制的，没有必要使用被动语态。这是雨文化更为细致化的一个表现——有了灵活的接纳度。

这令人想起舞台剧《月形半平太》中的一段对话。一位迎送的女人对月形半平太说：月さま、雨が……月形半平太回答说：春雨じゃ、濡れてまいろう。翻译成中文大意为：

> 月大人，下雨了……
> 呀，是春雨，让它淋吧。

这段已历经半个世纪岁月的经典对话，现在仍然有很强的生命力。月形半平太的台词，如果以中国的感觉来看又会如何？“呀，是春雨，让它淋吧”恐怕可以转换成直白的语句：我喜欢被春雨淋湿，所以没有必要带伞。但这绝不是日本人的感觉，也不是日语的表现。

这里，咏叹“是春雨”和“让它淋吧”作为表现主观意向的语言，在两者之间存在着无法用语言表现的情绪空间，即“间”。日语在本质上就是避开明说，刻意营造感觉空间和情绪空间的语言。这个要因的形成表面看要从日语本身的构造中寻找，实际上还是来自日本人独特的心绪。无法用语言表现的空白部分就是间的构造。用间来排列形象，打造“腹艺”的空间，很好地表现了日本文化灵活的接纳度的一面。而这个“间”从源头上说又是湿气文化的产物。

日本能纳入视线的东西，都像被水蒸气隔离一般，朦朦胧胧，模模糊糊。自然万象仿佛都浸泡在一团水雾之中，无法一下看透，无法一下明亮。于是梅雨期成了宗教的祭祀节，欢乐与寂灭总是在相反的境界内趋向同一。而纤细、多情、神经质的表现方式，则是祭祀的一个意外收获。对面草丛的中央，会突然跳出一只蛤蟆。这与“一只蛤蟆，窜入火焰中，烧焦了”虽属不同的意境，但本质趋一。院子里，青梅带着沉重的声音“啪嗒”掉落下来，能从中诱发出哀愁的只有日本人。永井荷风的《断肠亭日记》开首句就是“秋雨涟涟一如梅雨”，时间是一九一七年九月十六日。

而在《和泉式部日记》中，则将一直下个不停的雨与缥缈不定的爱恋放置在同一个空寂的托盘中。她写信给亲王：“昨夜独听雨打窗，彻夜难寐思亲王。”亲王回信道：“昨夜亦听雨打窗，孤女独宿如何想。”这没有结果的恋情，加上绵绵的长雨，心情都是湿漉漉的。

什么东西画出来比真实存在的更美好？清少纳言列举了秋天的原野。山村、山路、鹤、鹿，还有冬暖夏凉。但冬暖夏凉又如何表现？这调皮的宫中美女可能想到了无聊。在无聊的雨天，她说想去听子规的啼叫声。一千多年前的一个小女子，已经能感知阴雨连绵的无聊。人的心理积淀并不因为时间而改变，这点实在令人吃惊。清少纳言还说雨后的秋色好玩。且看她的观察：太阳稍微一抬头，本来被露水压得很重的胡枝子突然往上跳动了一下，并没有人触碰，真好玩。

《源氏物语》“花宴帖”中，二十岁的源氏最浪漫的一次猎艳，最具醉意的一次性侵，就是在水雾蒙蒙的月色下完成的。“你我皆知深夜好，良缘恰似月团圆”，便将女子抱进房里，关上了门。当女子知道是源氏公子，便也春心缭乱。从一开始的“你是谁呀”到“美景世无双”，这位弘徽殿的妹妹胧月夜便在水雾中亮起了朦胧的恋之灯。这里，紫式部的不可超越性在于完成了宗教学意义上的祭祀：凡属祈求的都是无常无告无望的，此世只是水中月，雾中花，镜中影。

6

日本人讲万物随四季的更替，各有其不同的情趣。如霞光遍洒，众花含苞欲放，如不幸遇上连日阴雨，则又仓皇陨落，飘散一地。这种情趣虽然没有“多少楼台烟雨中”的浑然，但也有我们所没有的精致：九月的草莓，孤零零的一只在草丛中兀自燃烧。人的心绪染上了雨的气息，生出“濡れる”这个相当日式的湿与润的表述。被雨淋了，湿了头发，湿了眉睫，湿了衣饰，更显心情。交欢时的湿润也用“濡れる”表示，情事的场面也叫“濡れ場”。《挪威的森林》里，渡边与直子第一次做爱，村上春树将其放置于“温和的雨夜”中进行，表明村上谙熟日本美的意象。他知道有意味的情事一般都在雨中完成。“直子的下部温暖湿润，等待着我”。这里用了“濡れる”这一词，以表情色的极致。而完事后，渡边“一边吸烟一边看着窗外的绵绵春雨”。春雨的“濡れる”与生理的“濡れる”，化成一股于我都可亲、于我都可怀的哀愁情绪。所以日本人说，“濡れる”拥有会使男性怀孕的魔力。

日本人喜梅酒。美少女将青梅在手中把玩的广告，是日本湿气文化的典型代表。古寺，梅树三二株。有雨。水气蒙蒙，淡若清梦。真正给人哀愁的不是风而是雨，是雨打芭蕉的雨，是雨过青苔润的雨。敲打屋檐和窗沿的雨声，是心情对雨的主观反应。一夜风雨，遍地荷叶。满眼冬枯景象，备觉凄凉。《雨的语言辞典》收录一千一百九十个条目。学者宫尾孝写过《雨与日本人》的专著。文化学者多田道太郎甚至建议日本人除春夏秋冬之外，再增加两个季节。一个是梅雨，既不属于夏天也不属于春天的季节。一个是台风，既不属于秋天也不属于冬天的季节。梅雨与台风，在显露出破坏世界的狰狞一面的同时，还让日本人发现了自然现象的风雅本质。《源氏物语》里描写大风骤起、落叶缤纷的景象，是一千多年前的人比今人更能深切感受风雨恩泽的表现。那时候他们就深知没有台风带来的雨水，不能保证五谷丰登。

谷崎润一郎将日本美定格在物体间的阴翳与明暗之中。其间令人惊异之处在于，伫立在书斋微微透光的纸拉门前，竟然忘却了时光的推移。为何微微透出的光线有这么厉害的魔法？在于模糊的昏暗境界中，增添了引人遐想的妩媚。一墨成字，一水蒹葭，一帘悸动，一抹心痕，一丝青色。表现禅意的水墨艺术无不与阴翳、明暗和湿润有关。

二〇一一年去世的诗人岸田衿子有《杂声之雨》的小诗：

> 雨滴翠叶上，扑通／雨打窗沿边，啪嗒／雨淋布伞上，吧啦／雨打面颊上，扑嗒／雨落小狗的鼻子上，嘟咚／雨洒紫罗兰的花朵上，淅沥／雨敲车顶篷，咚咚。

从雨滴落在不同物体上的质感中，分解出多种非常有趣的声响，这种声响最终会消失于泥土，但梅雨的触感表现出的雨季风雅依然会荡漾在人们心中。这种风雅与日本人听虫声，从虫声分辨出冷雨的韵律、西风的节奏是一样的。悲秋枯冬，生命的色彩就浸润在虽微弱却刻骨铭心的各种声响之中。

当然，在各种声响中还有一种更有力更雄浑的“不畏雨，不畏风”。就像中国人从小会背诵“床前明月光，疑是地上霜”一样，日本人从小就会背诵童话大家宫泽贤治的这句名诗。日本走出了千千万万个阿信。她们善良，真诚，永不放弃追求。这是否也与情绪心象中的霖雾霞霭有关？

显然，那种“不以物喜，不以己悲”（范仲淹语）的心象，实在与日本人“夜雨草庵里，双脚等闲伸”（良宽语）的情绪跳跃相去甚远。“绿子在电话的另一端久久地默然无语。如同全世界所有的细雨都落在全世界所有的草坪上一般的沉默，在电话的另一端持续着。”显然，这是村上春树的情绪跳跃。他将雨彻底地诗化了，哲学化了。

7

禅僧们熟知雨的公案。

一个雨天，镜清（唐末五代僧人）问弟子：门外是何声？

弟子答曰：哗哗的雨声。

弟子没有说谎。镜清也没有说谎。他也听到了雨声，问题是为何明知故问？

原来他的断案在这里：无论何人，只要内心不静且混乱，就会一味追求外物，忘记自己的所在。

这当然是棒喝了。但问题是明明知道是雨声，却问“何声”，其意义究竟何在？这外物之声一定是雨声吗？为何没有可能是风声？是松声？是涛声？是蝉声？一个人的观念为何会如此清晰？为何不生发疑问？显然，镜清敲打的是人的正常思维——虚堂雨滴声，即自己与雨滴声合而为一的无心的世界。

歌人西行的《山家集》里有“潇潇春雨降，避雨屋檐下，寂寞一过客，不为人所知”的诗作。这里的“不为人所知”是过客寂寞心情的随顺机缘，还是潇潇春雨太任性？是歌人西行自身的思考出了问题，还是人们总是将问题思考得太过理所当然？

一九二六年发表于《文艺时代》上的《伊豆的舞女》，川端康成开首句就是雨。“骤雨白亮亮地笼罩着茂密的杉林，从山麓向我迅猛地横扫过来。”九十余年过去了，秋雨中亮起的昏黄的小灯依然泛着疏离之冷、侘寂之冷。灰蒙蒙的雾雨，团团地自北边随风飘来，斜斜地掠过远处的杉树林。看来一个纯美的图式，确实无关岁月，无关人文，如同夏夜的萤火虫，暮秋的风铃声。

色

“色，颜气也。从人从卪。凡色之属皆从色。”

宋代皇帝说“雨过天青”，俳圣松尾芭蕉说“雨过青苔润”。

然而，日本人没有“残照西风”的苍凉，

也没有“日出江花红胜火”的开阔和明丽。

1

与春夏秋冬对应的是什么？日本人说是霞雨雾雪。

与暖暑凉寒相连的是什么？日本人说是若叶、青叶、红叶、落叶。

当然还有明暗显漠，日本人将之配对为赤黑白青。

同样是出土的青铜，细心的日本人发现其锈的颜色不同。何以不同？中国的锈更接近青，日本的锈更偏向绿。究其原因，原来是地质与风土有异。

“色”这个字，日语读“いろ”。其词根出自“いろね”（姐的敬称）、“いろせ”（兄的敬称）、“いろも”（恋的敬称）。也就是说，“いろ”原本并不表现色彩，而是用来表示自己喜欢的人和事。因之生出一个文化看点：作为色彩的色，首先与人际关系和因此而生的情感纠结。这或许是日本中间色特别丰富（一说有接近五百种）的一个主因。而且连色名也十分有趣，如夏虫色、一斤染、山吹色、国防色、花绿青、利休鼠等。当然还有平安时代物哀美学的典型色名——朽叶色。红叶的朽叶叫赤朽叶，黄叶的朽叶叫黄朽叶，残留绿色的朽叶叫青朽叶。

2

要问日本的秋色是什么色？谷崎润一郎的回答是柿子色，十一月的柿子色。邻家院里的柿子开始变红了。虽然白天的阳光还残留着热气，但傍晚夕阳的红黄色已与夏天的颜色不一样。花道师则以形思人，将柿子构想成女人的臀部和乳房。臀部和乳房缘何成朱色？原来在日本人的观念中，雪白的极致就是在晚秋中闪烁的柿子色。这就像“红茶花，白茶花，落在地上都是花”（河东碧梧桐的俳句）一样，面对红白山茶花，岂不乱红无主？

高松冢古坟壁画中的女子，鲜艳的唇红引人注目。西壁的四位女子中，左边二人嘴部颜色剥落，但右侧二人还保有红梅花瓣般的唇色。带有涩泽的唇红，令人想起正仓院的《鸟毛立女屏风》和药师寺的《吉祥天画像》。红的色素由红花染成。在《延喜式[①]卷十四：缝殿寮》里，用红花染红，依据色的深浅又分为“韩红”、“中红”和“退红”三种。其中韩红属于正色红。日语中，红有两种读音，一个读“べにいろ”，一个读“くれない”。前者是现代读音，后者是古代读音。在颜色的区分上，前者稍带赤紫色，后者稍

①平安时代中期由醍醐天皇命令藤原时平等人编纂的一套律令条文，是研究古代日本史的重要文献。

带浅黄。“くれない”的语源来自于“吴蓝”（くれあい）。原来在雄略天皇时代，从吴（中国江南一带）引进的红花叫“吴蓝”。

在观念中，红总是象征太阳，象征火焰。但能在红中感受其神秘力量，则是日本人的发想，所以在《万叶集》里就有女性化妆成朱色的记述。学者前田千寸在《紫草——日本色彩的文化史研究》中说，在平安时代前期，男女都以白为第一，其次是紫和绿。平安时代后期则以红紫白绿为顺序。也就是说，平安朝的服饰色以红紫白为主调，绿以下的诸色则属于丽色。在当时染红的价格其实非常高，属于奢侈品。九一七年三善清行的奏上文，有一段如是说：“大红花二十斤可染绢一匹，属中民二家的财产。”这是以男子一人四年分的收稻行情计算出的，表明红在当时与黄金同列，是能导致个人破产的奢侈品。红的价值一直到德川幕府时期都没有变化。幕府的《宽永令》再次发出染红的禁令，就是出于反对奢侈的考量。

红在当时是表示皇太子之位的色彩，庶民不能乱用，所以是禁色。但红可以堂而皇之地用作游女馆的装饰色，这是否表明游女馆的游女们有同等地位？这是日本色彩文化史上非常有趣味的一章。问题的戏剧性在于，平安朝开始实施的禁色令，反而催生了人们对色彩的敏感性和感受性。大红和深红遭禁，就尝试浅红和暗红。结果，原先的艳丽之红洗练成了薄红与间红。或者将被禁止的浓艳之红用于服饰的下端或夹里，偶露峥嵘。如女子的十二单衣，与外衣相比，其夹里用红的就很多。为此还起名“樱萌黄”“蝉羽”“红杜鹃”等。于是，一种带有涩味的色相艺术诞生了。在中国朱色里难以见到的色，在华丽的背后有古朴枯寂的“寂朱”色，后来成了日本画的基调。一二八八年，高野山的僧侣移转至纪州（今和歌山附近）的根来，在那里建造寺院。寺院使用的食器，先涂上黑漆，再涂上朱漆。这种漆器经过长年使用后，底部的朱色会自然剥脱透出黑，表现出沉静的一面。后来手工艺人为了追求这种美学效果，干脆发展出一套刻意将表面朱色磨损的技术。这种与艳丽相比更能表现出侘寂之美的朱，可谓在日本文化中浸润极深。根来漆器在日本非常有名，就在于禁色令期间，美反而得到了洗练，演变成了人们乐意接受的形态。

将绚烂与鲜艳向内浸润，使其承重再承重，将情绪层面的红浮于表面，终于成就了不同于中国和朝鲜的日本固有的传统色。当年，在宇治平等院和严岛神社居住的贵族和武将们，就在朱漆的建筑里，一边做着华丽的净土梦，一边孤寂地生活。这时的朱色在人们心中又生起了一种难以名状的感觉。禁令与色彩感觉的关系，在德川幕府时期也是通用的。只是与王朝时期不同，红不再是贵族的专利，庶民也可以享用。德川中期复活了红妆，小町红的口红开始出售。染红的需求一下变得旺盛，染物职人被尊称为红师。《女重宝记》里记载，人们面颊两边、口唇、指甲等涂上薄薄的红。外露的浓艳仍被视为低贱，因此只能将浓艳的色用于裙边、襦袢等处。这样一来，倒反有了江户粋[①]的感觉。从内在对神、对自然、对禁

①指懂得生活、通晓人情世故之人。与长期被贵族文化支配的京都粋相对，江户粋主要指下町文化。

令进行柔软的抵抗，反倒开凿出庶民的美意识的源头。

在京都紫野，有一种叫“锦绣”的糕点，形状令人联想到大片吐红的枫叶，层林尽染。如果说这是冬日萧瑟之前的绝景，那么同样在紫野，还有一种叫“落叶霜”的糕点，表现的则是红叶蒙上了薄霜。红与白的对比让视觉的盛宴受困于小小的糕团，日本人对斑斓的绘声绘色可见一斑。一看时令，已经是十一月下旬，京都该落霜了。凋零是红叶不可逃脱的命运。日本人便由此生出物哀之念。当然还有那蝉鸣的寺院，总有一点朱红，会突然跳入你的眼帘，那是绿荫下的剪秋罗。日本人天才地将它比作男色之花，明亮地映衬在满是黑色袈裟的水墨画中。

坐落于东京港区南青山六丁目的伊势半红屋本店，口红是最为著名的。这家店沿袭了江户时代的做法，制作日本的传统红——小町红。原料是山形县产的最上等的小红花。一朵红花瓣仅有百分之一的红色素，制作一个小瓷酒盅大小的小町红，需要一千朵红花。七月红花盛开，朝露打湿了花叶，发出闪亮的光泽。工匠们沐浴着朝露摘花，洗净摘取的花瓣，早中晚各喷水三次让其发酵成红饼，再从红饼中提取高纯度的红色素。这个提取方法不留文字，代代口传。出品的红一旦干燥后，就像玉虫色一样散发着光泽，溶入水中，瞬间成了带有涩泽的朱红。这是日本女孩最喜欢的口红色。特别是用鲜活的红花制作，有利人体健康，更受女性的欢迎。

明仁天皇的生日是十二月二十三日，这天的“一日一果”，木村宗慎献上的是红豆饭。为什么要献上看似普普通通的红豆饭呢?

原来，小豆和糯米在日本人心中是美食的代表。在表达喜悦心情的时候，红豆饭是少不了的。用小豆的朱染红白米，红豆饭也就成了朱色饭。用朱色表示至尊，可见朱在人们心中的分量。这种朱自然不同于随笔家国木田独步笔下的武藏野夕阳西下的红。后者的红是“原野上广阔的森林被染得通红，犹如一片火海”一般。

当然红也不可乱用。当年芥川龙之介游苏州，就对寒山寺提出批评说，一九〇六年由江苏巡抚程德全重修的寒山寺，大殿与钟楼全都涂上了胭脂红，真是俗不可耐，哪里还有什么“月落乌啼”的情趣。

3

京都北山有一种叫作“藤”的和果子，将米糕拧出纹样，撒上米粉，形如藤萝花。白紫藤萝如少女般清透无邪，咬上一口，洁白的牙齿就会染上淡紫，显现出五月初夏的可爱。

在日本，紫首先是清艳典雅的象征。有一种阅尽历史的神秘，保持着好色世界的王者地位。帝王居住地都用紫，如紫禁、紫宫、紫宸、紫庭等，以显高贵。而紫云、紫霞、紫气等则属神仙瑞兆之语。但同样是紫，中国和日本在色相的认知上存有差异。如《论语》中将紫视为“恶紫之夺朱也”。孔子为何对紫没有好印象呢？日本人推测孔子所言的“恶紫”是用绯红与紫草相混的染法而诞生的色，这种紫带有赤色。如日本遣唐使的绯色服饰，在中国的文献里就被记录为紫。而日本的紫，从天寿国绣帐以来的遗品来看，则是用单一色的染法而成的茄子色，不带有赤色。

在中国，色相论是按五行思想排定的，青赤黄白黑是正色，紫绿褐碧红为间色。将紫色放置于首位的想法原本来自中国，但将紫视为间色的也是中国。这是复杂的民族性在色相上的表现。带有赤色的紫缺乏气质，属诱发心绪骚动的色相。古人喜欢这样的紫，招致流行，压倒了传统朱色，所以孔子才慨叹今不如昔。孔子或许看出了赤紫带有卑淫的一面，后人便将王莽篡汉说成是“紫色蛙声，余分闰位”。

草木以绿色为自豪，但独有一草，茎叶皆为紫色，整个枝干散发出紫色的芬芳。这就是紫苏。推古十一年（603），日本推出冠位十二阶制的最高位大德，紫被推崇为诸色中最高的色。将紫定为最上，虽是模仿隋唐的做法，却开出了日本文化的独特之花，这与日本人纤细的感受性有关。所以，经过律令时代来到王朝时代，紫作为至尊的理想之色被人憧憬。清少纳言将淡紫色衣服外面套上白袭汗衫的人视为高雅；将女人穿着的表面有点褪色的深紫色衣服比喻为七月的早晨；将凡是漂亮的都归结为紫色的东西，或花或丝或纸或织物。川端康成说过，打动我心的是日本傍晚天空的色调。而提起傍晚天空的色调，就想起画家坂本繁二郎寂寞冷清的荒野村落黄昏时分的天空。如《月》这幅名画，圆月的白与周遭微妙起变化的大片紫，令人想起京都的黄昏。

紫代表王朝之色，由紫式部描写的理想女性紫上就是其中一例。照美术史学者水尾比吕志的说法，藤原贵族对气质高雅、典雅、冷艳的紫色的喜好，比任何国家任何时代的贵族都来得强烈。王朝贵族美的意识向紫色倾倒，倒不是想生出帝气，而是想探寻文化的曲径深幽。日本人敏感细腻地区分出紫的色相差异：紫，黑紫，深紫，古稀紫，中紫，浅紫，深灭紫，中灭紫，浅灭紫，葡萄紫等。正如脚下一片紫色的小花，紫得清逸又柔弱，他们会弯下腰，任无风也使帷帐飘飘。

又从紫的孤独意向衍生出“眷念”的概念。就原生态而言，紫草的根为赤紫色，但将其干燥后，就变为深紫色。而紫根含有的色素挥发，近旁的其他花草也被染上紫色。由于紫根这种不可思议的特性，沉湎于紫色的王朝人的感受也被染上了紫色。因此紫也被视为因缘色，象征女性，而染上色的紫草象征恋人。万叶歌是这样唱的：紫草在旷野盘根生枝，思君之情呀绕绕不绝，春野里荡漾着声声啼莺。天平时代以紫染纸，用金泥写《金光明最胜王经》，也叫紫纸金泥经。《源氏物语》里，光源氏向最爱的人紫上献上葡萄色小褂，并留下情话：若折于手，藤花色远胜苍松。可见早在一千多年前，日本人就开始赏玩藤色。

在古代，紫的染法是用紫色植物中纯正的紫色素，将其称之为古代紫。这种安定、温和、柔艳的古代紫，才是直通天庭的恋的神秘。近代的紫则是赤与青的混合，偏左成了红，偏右成了蓝，好像始终有一种不安定的对立情绪。所以在日本人的观念中，古代紫才是本紫，近代赤青混合的紫则是伪紫。

在日本，五月是紫的季节。石旁、竹畔、篱边、门侧、古井附近，无处不见紫色的面影。紫阳花做着孤寂阴郁的梦。宇治平等院内的紫藤棚紫花怒放，迷醉着人的感觉。枥木县足利公园的紫藤花瀑，美得难以喘息。而札幌的紫丁香像初恋时的少女，在人们的衣角上留下冷香。当然进入八月，北海道富良野的薰衣草，淡紫色的小花宛如月下的圣殿，在夏日的阳光下，好似将人的精神也揉出了紫色的液体。

4

川端康成《雪国》的开首句是："穿过县界长长的隧道，便是雪国，夜空下一片白茫茫。"从山上冷寂的白花到罩满大地的惨白月色，显然想用白色营造着什么。小说最后写美丽的叶子因一场大火而惨死。原来，开首渲染的白是用来象征的，象征冬夜料峭、清冷伤感的日式物哀。

在日本，神话里登场的天神和传说中贵人的魂灵，都用白色的动物来假借。如伊吹山神变白猪，倭建命神变白鸟，坂神变白鹿，此外还有天神变白蛇和白狗等。而伊邪那岐和伊邪那美二神交合诞生的筑紫岛，也叫"白日别"，意味着太阳之光。他们视白色动物的出现为吉兆的来临。《日本书纪》记载，穴户（长门）的国司草壁丑经向孝德天皇献上白雉，这一年就称为白雉元年(650)。一百多年后光仁天皇也将有人献上白龟的这年，定为宝龟元年（770）。

用白色动物表现纯洁与神圣并非日本独有，信仰佛教的印度文化也将白象视为神圣。基督教文化中也能看到同样的倾向。但是将白有意识地渗透于生活中，并将其日常化的国度，恐怕只有日本了。在日语中，夕颜指的是一种白色小花，黄昏盛开，翌朝凋谢。《源氏物语》里有位清纯女子的名字就叫夕颜，可见日本人对白的喜爱从很早就开始了。

一月一日是日本的新年，家家户户必须准备的和果子是什么呢？是镜饼。镜饼为何色？为雪白。原来在新年之始，用雪白之姿象征稻青穗实的瑞穗之国，是其观念论的一个外在表现。通往神宫的神路用白砂铺就，石灯笼外面须贴上白纸，神职人员必穿白色服饰。神前婚礼上，新娘身着“白无垢”（里外皆素白）的和服。穿过青函海底隧道的列车为“白鸟号”。中国京剧脸谱中的白脸是奸臣，日本歌舞伎中的白脸是善人。中国逢喜绝不能现白，日本男人则在婚礼上必着黑西服配白领带。每年六月，日本中小学女生校服统一换成白色夏服，视觉上的变化带来的是感觉一新。下课时分，身着白夏服的女生蜂拥到路上，成了市街一道亮眼的白色风景线，给人清爽与水润的初夏之感。

白在观念上还有一个天然本色之意，常用“素”这个汉字来表示。日本女性对美白有着强烈的憧憬。早在奈良时代就有以白粉妆面，使脸白上更白或黑上加白的化妆，一直沿袭至今。戏剧中施白粉的往往是纯情素女。不用颜料的木造建筑也叫白木建筑。

祭祀天皇祖先天照大神的伊势神宫就是白木造。千年以来，它坚持不施任何颜料，保持了“素”的神圣与神秘。伊势神宫之所以每隔二十年必须重新拆建一次,就是为了让这个“素”保持常白与常新。日语中现在还有“素人”一语，意指没有受过专门训练的外行人，引申为自然的原本之人。白内化了“素”这一天然本色，再作引申就是象征清明心的白。

日本的神社，一般要走很长的路才能到本殿。一路都是由细砂石铺成。无数的脚在上面走，一片“沙沙”声。这是先用白砂石洗涤心灵上的污点，再用洗手池的清水洗手与漱口，然后才能登殿参拜。对于参拜者而言，神并不在眼前。但他们相信《古事记》里人神共有的神圣之约,神在他们心中。他们用砂石和清水向神表白：我没有邪心，也没有异心，有的是一颗清明心。神只接纳素白与清明。日本人很爱干净,他们天天洗澡,并视肮脏为“恶”的代名词。当一个人被认为“脏”的时候，基本就无可救药了，因此日本人常用“脏”字（汚い）来骂人。他们把厕所称为“御手洗”，并把厕所的干净与否和公司经营的好坏联系在一起。把不义之财也视为犯罪，如捡到皮夹不上缴被发现，就判有罪，因为你的钱来得不“清明”。相扑比赛前选手们撒白花花的盐去污秽，表明自己是清明上阵。这种争得清明心的行为，被学者形象地比喻为“一个喜爱洁净成癖的民族进行的晨浴”。从这一意义上说，与红心相比，日本人更看重的是“白心”这个观念符号。

从根源性来说，日本人对白的喜好与自然观的历史发展有关。

古代日本的神话，开篇以苇芽象征天神的出现。这表明日本最初的自然不是由神创造的，而是自然生发的。自然才是生命的母体与根源。在观念上，自然与加工无关，所以自然就是白或素。崇拜自然是崇拜白，敬仰自然是敬仰白。由于崇拜和敬仰白，白也因此带上了神性，具有了信仰等美好的象征意义。所以在日本，幽灵也披上了白衣，如近松门左卫门的狂言《雪女五枚羽子板》中的幽灵便是如此。花道家川濑敏郎曾赞扬陶艺家黑田泰藏制作的白瓷花瓶，说同样是白，却与唐白瓷和李朝白瓷不同。黑田的白瓷还未印上岁月的痕迹，仍像一个未经世事熏染的少年，是纯洁之白。这样的白瓷，插上青桃，再逢梅雨季，让人预感到“一丝淡淡的恋情”。《万叶集》最后一首，也就是第四千五百一十六首歌唱的是：新年伊始的初春，白茫茫的雪花飞舞，这万事吉祥的白呀。不用大红灯笼高高挂来喜迎新年，而是用满眼的白来象征新春，强调的就是自然生发。

人们都说黑白分明，但平面设计大师原研哉说，白的对立面不是黑，而是将一切混同起来的灰。原来在他的观念中，白不是一种色，而是一种感受性，一种能产生多样与多元的感受性。生命始于混沌之际的白，如白色乳汁、白色蛋壳。而在诞生渐渐完成之后，白才被各种生命的颜色所取代。至于空白的白，在原研哉那里则表现为“什么都没有的空间”，产生了“可能会有什么”的可能性。如日本的神社，四个角落的柱子用绳子联结，内侧围绕出一个空白的中心。这个空白成了魂与神沟通的媒介，神明在这里栖息，人们在这里祈愿。所以他说，我们不需要寻找白，而是要寻找能感觉白的感受方式。何谓“白的感受方式”？是否就是山口县松琴堂那种叫“淡雪”的和果子？那种白，是仿佛用刀齐整地切下一块积雪的白。和果子研究家木村宗慎说，糕点中还加入了蛋白，口感松软，轻盈而细腻，仿佛真是咬上一口白雪的感觉。而源氏喜欢的三位女子空蝉、夕颜、胧月夜，从名字上看就属于能感觉到的白，属于意象学上的白，也是能够诞生各种可能性的概念结合体。这就如同川端康成笔下的艺伎驹子，男客觉得她的“每个脚趾弯处都是干净雪白的”。当然还有日本少女裸足的白，在清爽的绿茵茵的榻榻米上，轻盈地闪动和跳跃。

5

黑在色彩学上属无彩色。在观念上与夜相连，而夜又可以联想到恶魔。日语中黑的“くろ”是从夜的“くら”转化而来，因此黑也与恶的意象相连，如黑心、黑心槌、黑心利。黑还自古与死相连。在古代日本，黑色也是被嫌恶的。推古王朝以来的服制，黑属于最下位。在“衣服令”中,像墨的黑是最下位的色。当时“橡衣”的用语是对妻子的贬称。黑在中古又指代悲哀绝望之色，如丧服是黑衣。但是在佛教的色彩观中，黑则是大力奋进之色，是任何色也休想染上的不动之色。此外，视觉上的重量感、威严的表象色，一般都与黑有关。如日本军记物语中强悍的武将，其头盔多用黑色显示权威。

黑是日本的传统色。将黑色细分，又有漆黑、紫黑、黑橡、黑鸢、黑红、铁黑、黑檀、濡羽色等。深鼠色的黑叫“黑橡”，暗赤褐色的鸢色叫“黑鸢”，带有青色的叫“黑濡羽色”。在古代，有光泽的黑发是美人的基本条件。日本人喜欢黑发的意识在万叶时代就有了。发质不黑且短，是“并非美人”的象征。“白”是“百”字少一横，汉字大师白川静的解释是：百年的人生岁月，突然有一年出现了白发头，表明老矣。

白染黑的文学描写最早出现在《平家物语》中。七十三岁高龄的斋藤实盛，是平安末期的武将，原本是源义朝的忠实部将，但在源义朝灭亡之后出逃到关东，效命于平宗盛。一一八三年，为了取得与平维盛一起追讨木曾义仲的资格，从北陆出阵的实盛将白发染成黑发。阵亡后其首级被砍下验明正身，水洗头颅后，墨汁褪色，白发于是显现。

京都的山崎有千利休的茶室待庵，只有二帖，为茶室中最小，却没有狭小的感觉。因为从色彩来看，如果说膨胀色是白的话，那么后退色就是黑了。窗小，暗黑。黑便有向后退的效果，狭小的茶室就显得很深很广。似乎是置身于现实中，但又不是现实的空间。千利休美学和哲学的精髓，就在“似乎”与“又不是”之间。

问题是京都还有另一个茶室，曼殊院的八窗轩茶室，建造于江户时代，小堀远州的美意识渗透其中。千利休玩弄“寂”，经过古田织部到小堀远州。远州萌生了“美丽的寂”的意象，简单说就是在千利休的寂之上加注绮丽，还茶室一个美感。远州的具体做法是增设茶室的窗户，让室内变得明亮。八窗轩茶室之名表明有八个窗户。特别是叫虹窗的纸糊白障子（在木框上糊纸），使得庭院里的新绿和红叶都染上了障子的白。而八窗轩的壁墙一律涂上黑色。玩弄明亮中的昏暗，幽玄的氛围也就酝酿出来了。光从窗口射进，照在涂墨的墙壁上显得黑。光线照射不到的壁墙上显得暗。黑与暗，暗与黑，本无界限的色彩宇宙硬是划上了观念的印记。从结果来看，黑这个色彩理论的极致就是日本茶室的诞生。

在日本人的认识里，表示黑的另一色名叫玄。稍带微红的黑，也表示终极的黑。原本的玄，意味着深、黑、暗。从这里出发，玄又被引申为微妙深远的宇宙之理。比如玄妙，也可叫幽玄。而玄人则表示熟达之人，也是从深奥处得来的。与白木造相对应，日本也有黑木造用语。这里的黑木并不是指紫檀、黑檀、黑柿等黑色系材木，而是指裹着树皮的材木。

《源氏物语》“葵帖”里描写源氏的正妻葵上死去的时候，源氏穿着钝色服，葵上的死像做梦一般。如果光源氏先死去的话，葵上一定会穿上更深的钝色服吧。那个时候，妻子死去的服丧期是三个月，丈夫死去的服丧期是一年。源氏是否穿了三个月的钝色服，小说中并没有交代，但穿着钝色服的源氏又去犯其他的情事则是不争的事实。悲哀中的钝色都没有收住源氏的花心，想来这个钝色不够黑，不够敬畏也不够震撼。在日本有“宪法黑”的色名，是一位叫吉冈宪法的人在江户时代创造的黑褐色。这位宪法是否就是因为源氏的钝色还不够黑不够敬畏不够震撼之故？

后来，山本耀司把宪法黑作为自己的基础色调，并以此征服了世界时装界。这位服装设计大师的一个关键点是将黑就黑，用黑冲击日常化，用黑贯通新思路，最后向内沉潜与收敛，达到无心的枯禅境界。

6

日本人将秋天分为三个阶段，九月是开端，十月是全盛，十一月是尾声。秋分一过，夜晚变长，人们的心情也染上了秋意，进入了物哀的实验室。将季节的变化用色彩来表示，将色彩用季节性植物来表示，生出的是对事物完全不同的感受方式和接受方式。试问谁能在夕阳西下的图式里，画下紫色结束、橙色开始的分界线呢？色彩的变化没能逃离我们的眼睛，但究竟是在什么地方，一种颜色逐渐混入了另一种颜色？日本人对自然特有的心绪，就像点起一个纸灯笼，在微暗的灯影里倾听夜雨声。

倾听到了什么呢？你看，他们将淡紫色用九重葛、泽兰、胡枝子等来表示，将黄色用棣棠、女郎花、栀子、菊花等来表示，将淡红色用红瞿麦、桃、樱、葵、蓼、牡丹、合欢树等来表示，将赤用山茶、百合来表示，将紫用藤、燕子花、紫罗兰、菖蒲、桔梗等来表示，将碧色用朝颜、龙胆等来表示，将白色用梅、菊、柑橘花、水晶花等表示。

散文家德富芦花笔下的富士山日落色彩是这样的：日落之后，

富士山蒙上一片青色。须臾，西天的金色化作朱红，继而转为灰白，最后变得青碧一色。

俳人高滨虚子笔下的冬日晚霞是这样的：无力的冬日晚霞之中，既无佛陀也无耶稣，只有紫色的美玉，波谲云诡，浩荡无边。

小说家永井荷风则写虫声。从虫声中泛起西风吹落了树叶的色与彩，沉静的白昼像无尽的黄昏。这时总有低柔的钟声从远方传来，仿佛欣赏铃木春信古老版画的色彩和线条，使人感到疲劳和倦怠。与此相反，到了秋末，在一夜比一夜更加强劲的西风中，倾听那断断续续的钟声，就像阅读屈原的《楚辞》。

而我们熟悉的村上春树，则是玩弄色彩学的高手。在《没有色彩的多崎作和他的巡礼之年》中，高中时代的四位同学，二男为赤松庆和青海悦夫，二女为白根柚木和黑野惠里。只有主人公没有色彩。没有色彩就没有存在感。色彩成了存在，美学转向了哲学。赤与青，白与黑，当属色中之色，当属色彩世界的全体。这里暗示了世界的调和性。但在故事途中，又有灰田和绿川两个男人登场。灰是白与黑的中间，绿则是红青绿[①]三原色之一，是色彩世界的欢乐颂。问题是美术三原色为红青黄，但小说中没有出现黄。没有黄色，表明色彩体系的分裂，正好是小说主题的确立。色彩学者小町谷朝说，黄色是希求之色，表明小说有希求的愿望。

想来，日本人是要在理智和疯狂的界限之间，硬生生地刻下他

①此处“青”指蓝色，因为日语中的“青”也有指“绿”的用法。

们的色彩情绪，想要解答“月凉梦破鸡声白”（李世熊语）的“白”，究竟从何而来？“秋风更比山石白”（芭蕉语）的“白”又从何吹来？

7

其实，色彩有时并不好辨析与描述。

北海道的降雪量，一晚积雪四尺，到处是白色的海。但那种白并不是单纯的白，而是寂寞的深不可测的白，看着令人浑身颤抖的白。那么，这究竟是什么色？

背阴处寒冷，阳光下温暖，这种温暖与寒冷的混合，日本人说是小阳春的迷人之处。那这又是什么色？

永井荷风的《断肠亭日记》写道：阿富已年过三十，加上久落风尘，情事不绝，其容貌难免衰颓，而正是这种颓唐的风情，在性喜不健全的颓唐诗趣的人的眼中，却宛若天仙，堕落女神亦不过如此。如果说这也是一种色的话，那么如何描摹？

十一月中旬的寒风，连阳光也变成了灰黄色，呼啸的寒风一天内让梅、李、樱、榉、银杏的霜叶尽数落光。这又是什么色呢？

宋代皇帝说“雨过天青”。十七世纪的俳圣松尾芭蕉说“雨过青苔润”。腔调有点像，都是指向色彩背后的精神元素。只是日本人没有“残照西风”那种大视野的苍凉，却有六十出头的北野武，开着粉红色皇冠车拍广告的可爱，前者用老气横秋对应着后者的情绪跳跃。可见，色在不同文化中的表现可以说有天壤之别。

“猫，貍属。从豸苗声。”

猫影与人影，在同一个拐角处、

在同一个梦境中再现。

你听，三月夜晚的屋顶上，

传来“喵”的叫声。

1

每年的二月二十二日，在日本是猫日。之所以定在“二二二”，是因为它的日语发音与猫叫相似。猫也过节，让人跌破眼镜。这一天猫咖啡店会人满为患。

在前不久，东京市以管理不当、环境恶劣、违反动物保护法为由，下令市内的一家猫咪咖啡店停业三十天。受到处罚的猫咪咖啡店位于墨田区，名叫“猫手”。因为猫咪繁殖过度，约三十平方米的空间内最多时竟有六十二只猫（最初只有十只）。店内的猫卫生状况差，近七成猫有感冒症状。对猫咪咖啡店处以停业处分，在日本尚属首次。

“不管年纪有多大，在猫面前都是小孩。”保留着野生风味的猫，不知不觉地融入了日本人的生活。日本女人有一句训斥丈夫的话，“你还不如一只猫”。当然，她们更喜欢抱着猫看电视打电话，一打就是一小时。日本人再熟悉不过的死过一百万次，活过一百万次的猫语童话，将猫放置在了一个绝对领域：一百万人为它欢喜，一百万人为它哭泣，还有一百万人为它癫狂。这里，猫显然扮演着双重的文化角色，既是哲学的又是诗性的，既是物语的又是俳句的。

一只蝴蝶停在小猫的鼻尖，时间静止了。这个意境令人想起摄影师五十岚健太的《飞猫》写真集。猫跳起飞跃的瞬间并不容易抓拍。一旦摄入镜头，必然是“飞矢不动”的芭蕉式的“青蛙入水池”的思维——富有动感，非常可爱。但问题的另一面在于，你把猫怎样搂入怀中，也永远无法理解它的精魂；你与猫怎样在阳光下嬉戏，它也属于高低错落的屋檐和无月的夜。所以，日本人又将猫视为最具灵气的诡异动物。你看它千差万别。眼神，鼻型，毛色，步伐，没有一只相同。从胡须的翘立到耳朵的竖起，再到尾巴的下垂，姿态无一雷同。观念上的美与丑，善与恶，好与坏，在猫的视野里也是大相径庭。照夏目漱石的说法，就是你读书，我跳舞，猫儿之春日日无辛苦。

家猫的起源有诸多说法，普遍说法是来自北非的山猫。而猫与狸的关系，在过去的日本人看来有不可思议的一致性。首次出现猫的记录的文献《日本灵异记》（平安时代初期）里，“狸”读“ねこ”，与猫的读音相同。猫的瞳孔是从纵向收缩成细条的。狸的瞳孔也属纵向收缩型。

端坐时，蜷曲得不见足和尾巴，宛如窟中的黑璧玉。

行走时，寂寞不闻音声，恰如云上的黑龙。

这是猫的本事。

2

猫文化中最有趣的一个问题恐怕就是：十二生肖里为什么没有猫？有诸多说法。

一说是不像牛羊猪鸡那样可以吃。

一说是不像犬马那样能派上用处。

一说是猫起源于埃及，传入中国是在东汉，而十二生肖在夏朝就排完了，所以没有猫。

一说是猫睡得很沉，老鼠没能叫醒它。

日本也有一个版本，说有一天，大王决定召集动物开宴会，动物们都很开心。猫忘记了宴会的时间，便去问老鼠。狡猾的老鼠故意将日期晚说了一天。宴会的那天，动物们一早就出门了。老鼠为省力跳上牛背让牛驮着走。到了宴会场所，老鼠突然一跃，跳在了最前面，后面跟着牛虎兔等，十二生肖的顺序便形成了。猫第二天想去赴宴，却被众多动物嘲笑一番。为此猫对老鼠怀恨在心，一看到就想吃掉它。猫被鼠骗了，这是猫的不幸还是猫的可爱？

日本人说，狗是散文，猫是诗歌。狗是恋人，猫是恋家。从观察人的视点观察猫，他们看出了猫的慵懒，猫的神秘，猫的优雅，猫的可怜，猫的骄傲，猫的张牙舞爪。作家加藤由子专门写猫咪随笔，她的观察细致到猫发出的咕噜咕噜声的频率为二十至五十赫兹，这与测定动物骨密度的振动频率是一样的。当然猫也有阴险的一面，属于三不主义的顽固派：不正不耿直不热情。但不管怎么说，猫的寿命在今天的日本延伸到了二十岁左右。这得力于营养和医疗。二十世纪七十年代猫儿的寿命平均只有五年，事故和生病是不能长寿的原因。现在猫的平均寿命是十四年（七十二岁），放养和家养的相差两岁半。从年龄换算来看，猫两岁等于人二十四岁，七岁等于人四十四岁，十岁等于人五十六岁，二十一岁等于人一百岁。猫超过七岁就不年轻了，到了十岁就是老境。但与人不同的是猫的老态不太容易看出。很多猫到了十岁，与年轻的时候同然，但仔细观察还是有老化的兆候。日本猫的最高龄纪录是三十六岁半。

在今天的日本人看来，养猫就是守护猫儿的一生和为猫儿提供老后的生活环境。齐藤由加在《与老猫散步》中，统计出一只老猫每年的饲养费大体在二十二万三千日元。日本有两家猫咪健康保险公司，一家是终身保险，一家是小额短期保险。十二岁以上的猫，一年的保险费在两万五千日元左右。也有二十四小时的动物灵园。猫咪葬礼的基本行情是：不留骨灰的合同火葬方式为五千至两万日元，可留骨灰的个别火葬方式为一万五千至两万五千日元，与人类葬礼相同的火葬方式为两万五千至五万日元。如果去灵园不便，还提供移动火葬车。无臭无烟的火葬车费用在三万日元左右。

评论家田边圣子说过，猫从早到晚除了吃食和上厕所外，可以整天不动。这个不动，是否就是猫的高深莫测？猫为什么会发出呼噜呼噜的声音？猫会认家吗？它为什么没有臭味？为什么对如厕的地方很讲究？为什么对盒子、袋子那么执着？谁解其中意呢？

作家小池真理子多年前写有长篇小说《灵柩里的猫》，猫与孤独的少女桃子互相接吻互相抚摸的描写，给人的感觉是猫化身成了人，人变身成了猫。人猫与猫人在同一屋檐下，上演着结婚离婚，再结婚再离婚的物语。而创作绘本《活了一百万次的猫》的佐野洋子，就与诗人谷川俊太郎各自上演着结婚离婚，结婚再离婚的物语。她是谁的白猫，或者谁是她的白猫？

3

佐野洋子太有才了，或者说她太猫化了。

猫是国王养的猫，猫是水手养的猫，猫是魔术师养的猫，猫是小偷养的猫，猫是孤独老太养的猫，猫是小女孩养的猫。最后猫不是任何人的猫了，终于成就自己：我就是猫，猫就是我。实在的“在”。海德格尔的“在”。当然更是大写的“在”。

只是有一只白猫却睨视这个想显露的“在”，好像它比这个“在”还“在”。于是，它便向白猫炫耀道：我，可是死过一百万次呀。白猫没有太大反应，只是淡淡地回应道：“是吗。”不久，活了一百万次的猫又试探白猫：我可以待在你的身边吗？白猫也是淡淡地回应：“好吧。”这只猫从此待在了白猫的身边。有一天，白猫躺在这只猫的身边，一动不动了。活了一百万次的猫第一次哭了。从早上到晚上，又从晚上到早上，整整哭了一百万次。终于在一个中午，活了一百万次的猫停止了哭泣，它躺在白猫的身边，也一动不动了。猫儿死过一百万回，又活过一百万回，但这回守在了爱的身边，成了最终意义上的不死猫。不过作者佐野洋子说，她并不喜欢猫。这是猫语的“太极”。

当然，玩弄猫语太极的高手还大有人在。枥木的东照宫是供奉东照大权现，即德川家康的地方，入口处应该恢宏苍苍才是，悬梁应有吉祥镇门物才是，如大虎、大狮、大象，或者干脆是腾云驾雾的龙。但日本人的思路令人吃惊，他们雕刻了一只猫，但不是醒着的猫，而是一只沉睡的猫儿。日本人叫它“眠猫”。也就是说，镇守家康陵墓入口的竟然是一只眠猫。这背后显然隐藏着深深的宗教诉求。眠猫背后雕刻的是麻雀嬉图。为什么是麻雀而不是其他？一个答案是麻雀缺乏威胁性，猫可安然入睡。而猫安然入睡的前提之一就是老鼠已经全部消灭——原来用猫语传递的是天下太平的讯息。

而死在家康前面的丰臣秀吉，干脆在大阪城养了一只猫。后来这只猫不知去向，一个说法是因为发情而出走的，表明秀吉养的是只公猫。后来秀吉干脆发布了剥公猫皮的指令，以示对公猫出走的报复。再后来又发出不准用项圈系猫的布告，想不到出现了生态效应，致使鼠害锐减。看来玩太极，丰臣秀吉并不逊于德川家康。

4

一九六五年户川幸夫在冲绳西表岛发现了山猫的新品种，他在

《狗·猫·鼠》中说，江户时代的三大学者贝原益轩、贺茂真渊和中岛广足曾为争论“ネコ”（猫）的叫法究竟出自何处，吵得口沫四溅。贝原益轩强调从“鼠を好む”的读音中来，贺茂真渊主张从“寝る子”的读音中来，而中岛广足则认为来自于“禰古万”（ネコマ）的可能性最大。因为“ネコマ”也是“鼠子待ち”（待鼠而捕之）的意思。现在看来还是“ネコマ”与“ネコ”的关系最大，因为这一叫法充分考虑到了猫的神性和魔性。户川幸夫就此发问：“イヌ”（犬）的叫法为什么没有引起争论？看来还是猫吸引了日本人。

江户时代的田宫仲宣写《愚杂俎》，说大船里老鼠多。为了不让老鼠咬坏从中国带回的佛教经典，便将猫放置于船上看守经典。那是七一〇年的奈良时代。从此以后猫就在日本繁殖。到了镰仓时代，金泽文库存放了大量典籍，为了防鼠，从宋进口良猫。这批猫也叫“金泽猫”。这一叫法一直延续至今。这在平凡社出版的《大百科事典》里有记载。

在日本，猫有不同的叫法。青森县叫“MAGARI”，兵库县叫“TORI”，冈山县叫“CHOTA”，广岛县叫“JINTA”，冲绳县叫“MAYA”。问题是号称日本三大古籍的《古事记》、《日本书纪》和《万叶集》里，有犬马狐等动物的记载，但就是没有提及猫。而在《源氏物语》“若菜帖”里，则有猫鸣的描述：“小猫咪咪叫，那叫声甚是可爱。”这表明平安时代的人已经很在意猫的叫声。猫的研究者木村喜久弥著有《猫》一书，说古人给动物起名，第一印象就是动物的鸣叫声和形色。现在日本人叫小狗小猫是“ワン子”和“ニャン子”（即汉语中的小汪、小喵），可以看出木村的说法不无道理。

日本还有“金猫银猫山猫”的奇异叫法。这是江户时代的隐语，表现江户两国一带私娼的等级。上等的是金猫，下等的是银猫，再下等的是山猫。现在东京西巢鸭西方寺的寺门上方，有用石头打造的招财猫。仙台高尾太夫葬于这座西方寺。说起高尾太夫，是江户时代非常有名的花魁。当时的游女也分级别，太夫是最高级别。当时有个很有名的游女，名叫薄云太夫。她生活在江户新吉原京町的三浦屋。她非常喜欢猫，养了好几只猫，其中有一只三色公猫极为可爱。薄云给猫戴上金项链，每天与猫散步，以致发展到后来，入浴、睡觉和上厕所也与猫寸步不离。于是谣言四起，说薄云着了猫的魔。有名的江户俳人其角的名句“京町的猫通往扬屋町”，更使得游女养猫成为时髦。

三浦屋的主人四郎左卫门，深恐猫的妖性损伤了花魁薄云的天然丽姿，便忠告她不要被猫迷惑得太深。但薄云没当一回事，照样爱猫如命。于是有一天，趁着猫又跟在薄云后面如厕时，突然冒出一人驱赶，猫吓得乱叫。看在眼里的四郎左卫门拔刀斩下猫首。就在猫首滚落厕中的瞬间，发现它咬住了一条大蛇的蛇头。人们这才知道，原来猫是为了守护主人薄云，才会跟进厕所。悲痛异常的薄云将猫的尸骸送至西方寺厚葬，并立猫冢祭祀。这个传说虽与日本的忠犬物语同工异曲，但也表明猫得到了女人们的喜爱，特别是得到了风尘女子的喜爱。这或许是猫不像狗那样整天黏着人，但其特立独行又以另一种方式给人温馨和安宁的缘故。

5

加藤由子出版的《陪猫到最后》中，描写了一位叫高桥的设计师陪猫与病魔抗争的故事。

母猫阿迪年寿十八，患了乳腺癌，是在十七岁的冬天查出的。下决心做手术摘除病灶，手术成功后迎来了春天，猫儿的食欲有所增加，但还是发现它叫声凄惨，漫无目的地走来走去，大小便失禁，体重减到了两公斤。到动物医院复查，拍片子显示肺部有阴影，表明癌症发生了转移。医生宣布了猫儿还能活多久，饲主高桥也有了最后的心理准备。但她并没有选择让阿迪安乐死，因为猫也有活到最后的权利。

高桥辞去工作，整天待在家里陪伴着阿迪。有一天发现阿迪不在自己的屋里，急得她到处寻找，最后在桌子下面发现了倒下的阿迪。高桥抱起它，知道迎来了最后的告别。猫儿一直在痉挛。“加油，再加油一下。”高桥拼命对阿迪喊着，并用饮料瓶做成呼吸器给它戴上。但阿迪还是在第六天死去了。

这段故事读来令人心酸。猫与人相处的最后时光，重叠在人伦的阴影中。在这里，猫仅仅是宠物吗？或者仅仅是被宠爱而存在的吗？

应该说猫是有死的觉悟的。它们会本能地寻找死的场所，然后突然消失。当然猫是没有能力将“死”这个概念抽象出来的。如果身体情况开始恶化，或者有致命伤等，本能的防御反应是如何从危险的场所移至安全的场所，然后默默地死去。一般而言，猫不想让主人看到自己的病弱，因为怕被人欺负。关于猫的葬法，在冲绳有猫骸不离地面就会招来灾害的说法，所以盛行将死猫吊起来，或放置于塑料袋中吊起来的风习。

日本有这样的传说：如果世上有恶人死了，我们（猫）就变成“火车”抢夺死骸。这里的火车是佛教用语，表示起火的车，燃烧的车，让生前犯罪之人乘着火车去地狱。到了江户时代，火车又演变成妖怪的意思使用。这里的有趣之处在于火车不等于猫，而是猫变身成了火车。猫变身燃烧之车，当然是灵力魔化的结果。过了人猫的界限，猫也妖魔化，入了人界。看来还是猫入人界易，人入猫界难。

6

或许正因如此，日本人为了打破这个难易，开设了上百家猫咪咖啡店。边喝咖啡边与猫对话，与猫分享共有的时空。这是人的无助还是猫的孤独？都说日本人是世界上孤独感最强的民族，因此猫咪咖啡店隆盛，也是将自己猫化的一种做法。东京猫咪咖啡店的前三位是吉祥寺的“不可思议的猫森林”，涩谷的 MoCHA，高田马场的 Cat Cafe。对此有人分析道，猫咪咖啡店受欢迎，主要还在于人和猫在一起的时候，没有人与人之间的那种紧张感。

日本还有为数不少的猫岛。最大的猫岛是宫城县石卷市的田代岛。其中的明星是全身黑白相间，右耳朵总是耷拉着的“杰克”。渔民丰收，想到给猫报恩，便成了岛上猫神社的起源。而从爱媛县西部的长浜港出发，航行十三公里，便到了濑户内海的离岛青岛，岛上住民只有十七个人，但猫有一百多只，属于猫岛中密度最高的。游客一到岛上，就会有五十多只猫前来迎接。

在日本，猫也能担任车站站长。一只叫“小玉”的三色猫，在二〇〇七年被任命为和歌山县纪川市贵志川线的贵志车站站长。这位能招徕客人的猫站长属于终身雇用，它的报酬是一整年的猫食。作为动物明星迅速走红的小玉，在二〇一五年六月因急性心力衰竭死去，享年十六岁，相当于人的八十岁。这位猫站长引发了日本近年最大的人文话题：这是猫的纯情还是猫的魔性？或者两者都是表象，猫依旧还是那只永远琢磨不透的猫？这令人想起哲学家叔本华的一句名言：你拍死了一只苍蝇，而苍蝇“本身”并没有死，死的只是它的表象。

而将猫的人化做得最彻底的是宫泽贤治。他在童话《猫咪事务所》里，预言了一切的可能性，更是预言了比任何伟大的历史更伟大，比任何智慧的人更智慧的存在：一等书记白猫，二等书记虎猫，三等书记三色猫和四等书记灶猫。事务长是只有权势的大黑猫。灶猫被三位书记欺负，但大黑猫支持它。但灶猫患感冒休息，三位书记就乘机进谗言，大黑猫也失去立场，开始憎恨灶猫。灶猫被开除了，抱膝哭泣。威严的金毛狮子实在看不下去，便下令解散猫事务所，说再也不需要猫的历史与地理了。

日本常见流浪猫，鲜见流浪狗，这也表明猫更为特立独行。“不是你拥有猫，而是猫拥有你”这句主客颠倒的老话，将猫狗与人的关系进行了最大限度的澄清。猫薄情似乎已成定论。猫会撒娇，千娇百媚，却绝不会像狗那样激烈地摇晃尾巴讨好人。所以在大诗人萩原朔太郎的眼里，一只青猫孤单的阴影，在三月夜晚的屋顶上喵。[①]

7

夏目漱石的《我是猫》，用猫的视角观察人的世界，开启了猫与人同时作为透明存在的时代。虽然猫“像无头无尾的海参，缺乏趣旨，缺乏结构”（夏目漱石语），但也逼真，倒也入木。用人们并不留意的蹲伏在墙角的猫，想象自己以猫的身份观察令猫也害羞的人的世界，这种想象本身就像猫一样美妙无比。这亦表明明治时期的日本人，已经不是舒心悠闲躺在那里晒太阳的姿态，而是面对一个新的世界，有了某种生理和心理上的奇异变化。“咱家是猫，名字嘛……还没有。”这是最为熟悉不过的《我是猫》的开首句。为什么还没有名字呢，如果这秋阳的静美与冬阳的柔暖真的是那么美好的话？

三岛由纪夫在《金阁寺》里大谈“南泉斩猫”的禅宗公案。平

---

①见萩原朔太郎的诗集《青猫》。

息两端争执，一刀斩下，断首的是猫。后人从这段著名的公案中读出了当机立断的“机”字。但三岛的尖锐在于他读出了悖论：猫活，则美活；猫死，则美死。他借小说人物沟口之口说，美是怨敌。所以心中的金阁，心中的美，是否也需要一刀斩下？斩猫与烧寺重叠在了“至高的美”之上。在这里，毁灭才是永恒，斩猫才是初衷？这是否就是三岛的“一刀两断任偏颇”？

如果说神佛各奉是日本人的宗教特色，那么猫则扮演着跨界的角色，在财缘与情缘之间可谓是神佛共奉。这种角色一旦得以延伸，就会增添更多的文化现象。所以猫文化能在日本流行，也是多神宗教情怀观照的结果。文化人仲村清司写《冲绳，和岛猫一起散步》，说自己患了抑郁症，给岛上的一只流浪猫取名为“向田小姐”。这位向田小姐治愈了他的忧郁症，爬不起床，她会用前爪砰砰砰地敲他的脑袋。她鼻尖的花纹仿佛是笔尖轻轻留下的一个墨点，有一股难以名状的魅惑。这与日本的“猫妻物语”相通，说一位农民收养了一只猫，猫为了报恩，给主人做饭，最后在神的帮助下变身女子与农民结婚，过着幸福的生活。可见猫在日本人眼里又是一种美的化身。

如果说欧洲人将猫视为魔女，中国人将猫视为猫鬼，那么日本人将猫视为猫股（猫尾尖分叉为二股）。日本人相信猫会妖魔化，或化为僧侣，或化为女人，或化为老太，或化为鬼怪。江户中期的国学家谷川士清在《和训栞》中记载，在奥州白川，一只两岁的猫死后变身为小孩，每天吸母乳。还有在江户，猫变身为小妾。江户时代，猫似乎能变身成各种东西，但也不是为所欲为，譬如就不能变成狗、马、牛、鱼或鸟。变身成人的很多，而且是年纪大的女性。这大概是共同幻想的结果，而且是过去的人的想象。因为猫的性质与女性很相似。

北宋诗人苏东坡在《物类相感志》说“猫眼知时”。明代的谢肇制在《五杂俎》中，边礼赞猫驱鼠，边在“猫王”的书画上写道，此猫一作威，则十里内鼠尽死，盖猫王也。雄性的老猫会魔化。毛色纯黄或纯黑的叫金华猫。金华猫登上屋顶仰望月亮，吸其精成怪异。遇上女人则魔化为美男，遇上男人则魔化成美女。藤原定家的《明月记》中有猫股的记载。天福元年（1233）八月在奈良有猫股，目若猫睛，体如巨犬。一晚上咬了八人，还有人被咬死。《古今著闻集》（1254）记载观教法印的话说，在嵯峨山庄饲养的美丽的唐猫，实际上是魔物，叼着秘藏的守刀[①]逃走不知去向。《徒然草》（1331年左右）记载，山中有怪，名猫股，喜食人。饲猫多年，猫便魔化为猫股。

有人说猫股与狂犬病有关，但狂犬病最早出现在日本是在一七三二年，而猫股的异变在十三世纪就开始出现了。主要是猫自身的生态有妖魔化的现象，比如瞳形会变化等。自然，猫的狩猎方法与犬不同。犬以集团性质，以力量和奔跑为武器，堂堂正正地追杀猎物。但猫将爪子隐藏起来，蜷伏在那里，借实物隐蔽起来等待

①指死者家人放在死者胸前或枕边的刀，防止邪灵靠近。

出击，给人阴险的感觉。

江户时代的作家山东京山从天保十三年（1842）到嘉永二年（1849）的八年间，写了关于猫的珍话和奇谈《胧月猫草纸》，其中写到，猫重病危急的时候，木天蓼能救命。日本人视木天蓼为猫的万能药。京都大学的间直之助教授专门研究猫与木天蓼的关系，他说，对猫来说，木天蓼是一种媚药。猫嗅到、舔到或尝到木天蓼就开始兴奋，会低鸣，吐泡，流口水，磨蹭，在地上打滚，喉咙发出噜噜的声音等，陷入恍惚和失常状态。

8

猫也有品格吗?

还真的不好回答。不好回答是因为人眼看猫，千人千猫。

日本的作家中，谷崎润一郎写有《猫与庄造与两个女人》的短篇小说，写猫是女人，但更胜女人。一个男人甘愿为其做奴隶。小说中的庄造完全能听懂猫的语言：小猫从空箱子里面探出脖子，“喵”地叫了一声。庄造惊讶不已——它竟也拥有这般柔情似水的眼神。虽有些不可思议，不过那躲在壁橱阴影中的扑闪扑闪的眼睛，已经不是原先爱捣乱的小猫的眼睛。那一瞬间，他看到的是一双说不出地妩媚，非常性感、非常忧愁的成熟雌性的眼睛。

岛木健作的《黑猫》，描写猫虽然不像狗那样卑颜屈膝，却比小偷更恬不知耻。不管有人没人都长驱直入，穿过房间，在榻榻米上留下一串脚印。有时还伸长了身体躺在坐垫上。只是一与人的眼神交汇，就会立马逃跑。如果是漆黑毛色的话，那是很稀罕的。但是很遗憾，它虽然是黑猫，却带点灰色，看上去脏兮兮的，大概还是摆脱不了成为野猫的命运。

萩原叶子是写《青猫》的萩原朔太郎的女儿，她在一篇写猫的文章中说，猫绝不会成为人的奴隶，因此主人公只好成为猫的奴隶，地位还不如猫。她这种感觉当然是从她父亲的"喵呜呜，这家主人得病了"、"那挥之不去的哀愁"中来。

作为物理学家的寺田寅彦写猫，又是另一种视角。妻子捡来一只被扔在附近的小猫——一身黑毛里夹杂了少许白毛的母猫。从额头到鼻子的对称的白斑纹，给它的容貌带来一种魅力。这只猫已经相当大了，但还是被路过的人捉到，与其说它文雅，还不如说是愚钝。但它知道如何自己开门进出这样的绝技，在他家养过的猫里还是第一次。他写过好几篇有关猫的故事，也许今后还会再写下去。写猫对他来说是最佳的慰藉，是安全阀，也是心灵的食粮。

江户时代的僧侣诗人良宽的猫鼠诗曰：家有猫与鼠，总是一蒙皮。猫饱白昼眠，鼠饥玄夜啼。若问罪轻重，秤可倾猫儿。在良宽的笔下，杀鼠的猫罪孽深重。这固然是不杀生的佛教戒规在起作用，但更多的是对猫没有好印象的缘故。

文艺春秋出版社出版过《猫的品格》一书。女作者青木蕗艾佳前后共养过八只猫，写这本书的时候，还有两只在身边。一只是换算成人有一百零四岁的菈麻，患有肾病和牙周炎，口水总是不停地滴答，半夜里每隔两小时就要吃食。还有一只是相当于人类五十多岁的酷达。它的特点是没心没肺。抚摸它，它会咬你的手，整天只知道吃喝拉撒。那么养猫还能带来平日的快活吗？或者说主人为什么要自讨苦吃养猫呢？就是本书的看点了。

日本作家写猫，或者说日本作家喜欢猫，还可以排出长长的名单，比如夏目漱石、南方熊楠、熊谷守一、竹久梦二、藤田嗣治、大佛次郎、开高健、内田百闲、室生犀星、佐藤春夫、三岛由纪夫、村上春树……在这些作家的笔下，有个共通的主题是老人与猫很吻合。如果老人是秋刀鱼，那么猫是萝卜泥；如果老人是咖喱饭，那么猫是福神腌菜；如果老人是葡萄酒，那么猫是奶酪。最后他们得出一个惊天的定论：日式的猫 = 非哲学的猫。

这样看来，猫实在是一个指代。用猫眼指代瞬息万变，用猫舌指代挑剔找刺，用猫额指代面积狭窄。当然，猫也是日本艺伎的一个指代。

看猫可以知道主人，看主人可以知道猫。猫有内在美的一面，有凛然的一面，有泰然自若的一面，所以猫有品格。而优秀的猫主人是伟大的。最后作家的结论是：如果你想成为品格高尚的人，那就与猫在一起吧。

9

平安时代，二十三岁的宇多天皇在《宽平御记》里，用汉文记述从唐渡来的“深黑如墨”的猫：“长尺有五寸高六寸许。其屈也，小如秬粒。其伸也，长如张弓。眼睛晶荧如针芒之乱眩，耳锋直竖如匙上之不摇。其伏卧时，团圆不见足尾，宛如堀中之玄璧。其行步时，寂寞不闻音声，恰如云上黑龙……毛色悦泽盖由是乎，亦能捕夜鼠捷于他猫。”这段文字将猫写活了，“恰如云上黑龙”是神来之笔，同时也将猫定格在只是捕夜鼠而已。

浮世绘大师歌川国芳画了五十三种猫的颜色，可谓十猫十色。他的代表作是《驱鼠猫》，署名一刀斋。猫儿圆润拱起的身姿，显现片刻的静止。它斜视着上方，猫耳与猫须齐竖，机敏中透出打诨。头颈处套着粉红粗轮圈，左下方挂着一个叮当响的金铃，全白中带黑斑。日本人对这幅猫画评价很高，说这是所有作品中最为纯粹的一幅。歌川国芳也确实以喜欢猫而出名。小时候在歌川国芳那里学过画的明治绘师河锅晓斋，在一八八七年写的《晓斋画谈》中说，国芳边让两只猫在手臂上玩耍，边指导他画画，对此印象深刻。

猫儿视线的前方一定是老鼠吗？不一定。据说蝴蝶才是猫儿视线最终的聚焦之处。猫与蝶组合的画题发源于中国。中文“猫”的发音与“耄”相通，蝶的发音与“耋”相通。七十为耄，八十为耋。而牡丹（芙蓉）意为富贵，是吉祥画的永恒主题。猫、蝶、牡丹的组合就是中国年画耄耋富贵图。宋徽宗就有这样的作品：蔷薇，菊花，猫在戏玩，画中有蝶一只。日本室町时代（16 世纪）藏三的《牡丹猫图》，描绘白色的牡丹花下，猫发现了一只蝴蝶。铃木春信的《蝶猫图》，描绘抬头的猫凝视着两只飞蝶。而歌川国芳的《大纳言行成女》，画面是喜欢画画的“她”迷醉于蝶恋花，家养的一只白猫一跃而起，欲抓捕刚画于纸上的蝶。好像能听到轻轻的责怪声，“这是怎么啦？”

不过，大诗人苏轼也有“然养猫以去鼠，不可以无鼠而养不捕之猫”的论调，说即便没有老鼠，也要养一群会抓老鼠的猫。而北宋梅尧臣的祭猫诗，则干脆怀念自己养的五白猫是如何捕鼠的：“自有五白猫，鼠不侵我书。今朝五白死，祭与饭与鱼。”看来，猫与鼠，就如同宇宙与意志，何谓表象何谓本质，还真的不好说，因为不是有倦怠捕鼠的“青猫”吗？

10

猫在最终意义上能解决人的什么问题呢？抱着猫，枕着书，躺在沙滩上，阳光是懒懒的，沙滩是懒懒的，空气是懒懒的，树木是懒懒的，一切都懒懒的，生命则在这种慵懒中充实。不远处一只打瞌睡的猫，一本无味无觉的漫画书，慵懒或许就是这个世界最后的救命稻草。这正如村上春树在回答一位二十六岁的上海女子提问时，说自己是一个“猫奴”，抚摸着柔软的猫肚子，就有一股幸福感。看来人之可爱，确如尼采所说，在于其无名状的没落。不动弹显得寂寞，动弹则更显得寂寞。故只好忍着，一直就这么忍着。这是猫，也是人。

千年前的《枕草子》中有“戴着红项圈，挂着记名的白牌，拖着索子，且走且玩耍”的文字。日本人又相信“化猫”的存在。何谓化猫？就是家猫活了十几年，会变身成人，杀死主人。而在广岛，传说这个时间只有七年。

这样看来，猫既是旁观者，又像是挑唆者，而在旁诡异地笑个不停的是人。吉卜力的动画《猫的报恩》中，还上高中二年级的小春，何以收到来自猫的报恩？看来这还是用老套的进步观念论构思猫与人的关系，显然深度不够。还不如说艺伎与猫有关，是因为三味线用猫皮制成来得深刻。

如果说鲁迅一听到猫深夜叫春就忍不住拿起竹竿去追赶的话，那么村上春树则让猫酷酷的，像穿行于都市的魔术师。这就如同黑夜里，各色的猫一般灰。这是人在月色下看猫的结果。白昼里，各色的事物一般明。这是猫在阳光下看事物的结果。猫与人一样，人与猫也一样，眼睛里的色泽总是阴沉的时候多。

“裸，从衣果声。”

何为裸?

晚唐诗人韩偓有“鬓垂香颈云遮藕，粉著兰胸雪压梅”的诗句，

而永井荷风则在自传体小说《濹东绮谭》中写道：

“一段雪白的脖颈倏地钻进了大江的伞下。”

虽同为东方文化，两者的理解却大相径庭。

1

裸，是一种什么色？还真的不好说。

在厚重的脂粉下，艺伎们身着图案晦涩的和服，散发着脂粉香，梳着高髻，露出一段上了雪白粉底和香粉的雪颈。这个雪颈，日本人也叫裸颈。恰恰是这看似不经意而为之的裸颈，最能吸引日本男人的视线。与此对应的是一束不太光洁的发髻散散地披在冰白的颈项上，给人刚被非礼过的凌乱之感。黑白相间，就像一碗热乎乎的白粥，上面点缀了数颗嫩嫩的葱花。

这令人想起阿瑟·高顿在《艺伎回忆录》中，借小百合之口说出的大致的真相：日本男人对女人雪颈的感觉，如同西方男人对巴黎女人大腿的感觉。这也是为什么日本女人穿和服，脖领低到可窥视最初几节脊椎的缘故。用裸颈而不是用裸胸打造拨动男人思绪的心机，毫无疑问是日本艺伎对裸的再开发——裸颈是暗示女人魅力的秘所。

江户时代的风俗史家喜田川守贞在《近世风俗志》中说，女人在“脖子上擦白粉为单足屹立，使它更显眼”。脖子上的浓妆主要是为了强调“拉下后衣”的媚态。而拉下后衣之所以有媚态，在于它能轻微地瓦解颈部衣领的平衡，向男人暗示通往肉体的通路。

为什么女人的后颈会成为日本男人的关注点？有学者从文化人类学的角度加以分析：从古至今，日本婴孩多数时间是被妈妈用带子绑在后背，而不是抱在怀里。婴孩的视线所触首先是雪白的裸颈。这个意识潜移默化至成年，结果就是把后颈看得比乳房还重要。

这就与中国不同。晚唐诗人韩偓在《席上有赠》中，虽以“鬓垂香颈云遮藕”来描写女人颈部的馨香与嫩白，但又强调“粉著兰胸雪压梅”。显然还是“兰胸”压倒“香颈”，在意的还是酥胸雪乳，这个“雪”有软绵绵的质感。

雪即白。在《源氏物语》中，女性最高的美是“绢白”，强调的是既白又有光泽。一种东西既白又有光泽，那必定是又光滑又柔润，如果拿来形容裸肌，便是“像米饼一样的肌肤”。化妆时，平安王朝的女人们在唇上涂白，只在上面点一个小小的樱桃口，就像白雪中的一滴血般醒目。

传说中的久米仙人突然失神从天上掉下来，兼好法师在《徒然草》里，说他是御空而行至故里，看见河边洗衣女足踏浣衣，裸露雪白腿肚，顿生色心而坠落。原著《元亨释书》中是写“其胫甚白”。“胫”疑为“颈”的误用。女人河边洗衣，从物理性来看必然要伸长颈脖。而从高空俯瞰，首先收入视野的也应该是雪颈。这在逻辑上也圆了兼好法师的另一说法:“女人丰韵的美发，最为引人注目。”原因在于黑白效果的反差。

2

江户中期的浮世绘大师喜多川歌麿,在著名的《妇人相学十体》中，有一幅“浮气之相”的名画。画中身着浴衣的出浴美女，用簪子将湿发盘成贝髻，袒露粉颈至肩胛，交叠双手。何以冠名“浮气”——何以将这位出浴美女说成是水性杨花呢？原因还在于她张扬出了性感区域——裸颈。为谁张扬呢？这就用意缱绻了。

被人们津津乐道的永井荷风自传体小说《濹东绮谭》，也有裸颈的执着。主人公大江在玉之井突遇大雨，身着浴衣的女子阿雪从后面脆生生地喊道:“先生，带我到前面吧。”一个大大的发髻、一段雪白的脖颈，倏地钻进了大江的伞下。吉淳行之介小说《娼妇的房间》,也写到“二十五岁的我”的视线中,那年轻妓女从衣领处“剥出的肩肉”。这个“剥出的肩肉”就是日本人视野中的裸颈。

在《伊豆的舞女》中，川端康成用女性的心魂对裸作了相当心领神会的描述。一个才将十四岁的裸体女子，突然从昏暗的浴场里跑了出来，站在更衣处伸展出去的地方，做出一副要向河岸下方跳去的姿势。“她赤条条的一丝不挂，伸展双臂，喊叫着什么。洁白的裸体，修长的双腿，站在那里宛如一株小梧桐。我看到这幅景象，仿佛有一股清泉荡涤着我的心。”原来，裸也是一股清泉，一汪池水。这也是川端康成更愿意将日本情调的裸比喻为藤花的原因："若隐若现地藏在初夏的郁绿丛中，仿佛懂得多愁善感。"

在《雪国》中，裸又是另一种景象。驹子红扑扑的脸蛋是她生命状态的暗喻。在雪国料峭的深夜，岛村这彻底虚无的男人，何以能感觉有一股暖流在周边？原来驹子用冷霜除去了白粉，脸蛋露出绯红两片。这鲜艳的肤色，川端说正是驹子的本色使然。原来，有时裸还是一个女人生命力的表征，更是女人纯真之气的表征。

当然，在村上春树的笔下，裸又是另一番风情。在《挪威的森林》中，写直子的身体沐浴着柔和的月光，"宛如刚降生不久的崭新肉体，柔光熠熠，令人不胜怜爱。每当她稍微动下身子，月光照射的部位便微妙地滑行开来。浑圆鼓起的乳房，小小的乳头……这些都恰似静静的湖面上荡漾开来的水纹一样，改变着形状。"将裸体融入如水的月光，看似是阴晴对阴晴，亦能勃发人的情欲，但更多的是美感，一种宗教似的美感。这种美感诉说着这么一种日式情绪：女人其实就是隐身于那幽暗无明的夜的深处，如月华一般清苍，如跫音一般幽微，如草露一般脆弱。她是昏暗的自然界诞生出来的凄艳姣丽的鬼魅之一，是在清清月色下出浴的悲凉感伤的精灵之一。情欲在她的面前就是亵渎，一种本原上的亵渎。

3

但能将裸柔情得要烧毁美的，在日本恐怕只能归于一人，就是三岛由纪夫。

《金阁寺》耐读，一个方面的原因是从不同角度将裸之白与寺之辉放在同一切面上。小说描写在天授庵的庭院内，一个穿和服的女子坐在那儿。虽然无法看清衣料上的细小花纹，然而红色丝质腰带发出的光亮把周遭照得熠熠生辉。那年轻美丽的女子端然凝坐，“雪白的侧面如同浮雕一般，使人怀疑她是否真实的存在。”“雪白的侧面”指向的当然是被称为肉体的粉颈，或者是腮耳下的后颈连着的一小块玉肩，透着一层香冷的薄荷气息。之后女子在看似军官的男子面前献茶，然后归坐原位，接着突然解开衣襟，露出“白色的胸脯”。只见那女子掏出一只“白腻丰盈的乳房”，不断用两手揉着。军官手捧深褐色的茶杯，膝行至女子前。“白色微温的乳汁”一滴一滴地落入杯中，然后军官举起茶杯，一饮而尽。女子也整理好和服，掩住“白色胸脯”。这是出阵诀别仪式。怀有身孕的女人，用裸之白、心之白为男人送行。“雪白的侧面”、“雪白的胸脯”和“雪白的乳汁”与生辉耀眼的金阁对峙，如同秋天的芒草般刺遍人的每一寸肌肤。但与此同时，那透明又看不见的像风一般的东西，更像是“实实在在的物”。照三岛的说法，就是比起肉体要实在得多的“顽固的精神”。

但不久，那位军官死于战场，女人便开始放浪形骸与男人鬼混。当然她还是穿着和服。花哨的和服还是浮起紫色的藤花。当她在“我”的眼前再次解开腰带，再解开绢衣里的带子，敞开的前襟中，“雪白的胸脯”若隐若现。她接着掏出左乳给“我”看，好像在为上次佐证。哦，不一样。上次是神秘的白点，在冥暗处斑斓若显，这回是实实在在的肉球。不晕眩是自欺欺人，但在“我”的眼里，那“雪白”始终是从“生命全体中切离后所呈露出的东西”。它不会诉说什么，也不会诱使人做什么。这是否就是那“雪白”自身的原理呢？再推而广之，是否就是美的一般原理呢？这时，辉映在月光下的金阁又出现了。倒不如说是“乳房变成了金阁”。原来，静止也是不朽之物，也是能与永恒连接的东西。“我”与那“雪白”对峙了良久。她便将“乳房藏回怀中”。乳房与金阁，金色与雪白，强烈的反差终使“我”从无奈的醉心变成了无名的憎恶。那一轮空乏的永悬天际的美逼得“我”堕入地狱。“我”要烧了这个美，烧了这永恒的象征——金阁。虽然“雪白”和金阁都是夜的守护神，但是走过冷风瑟瑟的黑松林，“我”还是向那消失而去的“雪白”和眼前的金阁粗暴地叫喊。

难解之处在于，当风俗女茉莉子敞开衣襟露出乳房时，“我”又作出了另外的判断。同样是雪白，同样是纯粹的肉体，为什么她的就不能联想成金阁？“我”战战兢兢地用手指触碰这雪白，顿然感到她那“小动物般摇晃”的肉体如同“舞鹤湾的夕阳”。虽然不知那易坠的夕阳与这易晃的雪白有什么本质的联系，“我”还是将眼前的肉体看成了夕阳，不久就会被厚厚的夜云包围。

4

画家黑田清辉一八九三年从法国带回在留学期间完成的油画

《朝妆》。画中出浴后的全裸女人，对着镜子梳妆。神情有些惺忪，那是清晨的印痕。很有肉感，但或许是双手朝上的缘故，胸部的坚挺被拉平了。这幅油画带回来也就算了，又偏偏参展在京都举办的博览会。这是一八九六年的事情。一场裸体风波由此刮起。有人想观赏之，但又表现出羞涩不安；有人皱眉嬉笑，故作不屑一顾；女人们则脸红心跳地一瞥之后匆匆逃离。明治天皇驾临博览会时，只得用布把画遮盖上。报章则齐声抨击说是伤风败俗。总之一片混乱。有外国人，如法国漫画家毕高尔干脆将当时日本人的种种丑态，画了一幅“观赏《朝妆》的人们”的漫画，倒也别开生面。这场风波表明，日本人对裸体的意识渐趋保守，明治政府取缔男女混浴的风习收到成效。

当然要说日本油画史上首幅裸画，则是山本芳翠的《裸妇》(1880)，比黑田的裸画早六年。画面上也是丰腴的西洋女人，在坚硬的岩石上铺上白布，作匍匐沉思状。因为这幅画没有参展，故没有掀起什么风波。总之，明治时代的两大美人裸女画，还是为日本裸文化增添了素材。

两幅裸画都是西洋美女。这一方面固然是明治新风崇尚西洋，另一方面则是在当时的艺术家看来，日本女人丑陋得不值一画。三田村鸢鱼是大正时代著名的江户文学专家，他在《裸体美的欣赏》中的论述，迄今为止还让日本女性耿耿于怀。他说日本女人肌肉形态不美，身体形态丑陋，只靠手足不能隐盖其丑秽。他甚至将日本女人年轻而肥胖的手足，比喻为“萨摩的山芋”，说如果赤裸裸地展示身体，那将是何等的丑陋不堪。

而另一位身体研究的学者，东京大学教授桦山纮一，在《历史中的身体》一书里则比较了日本人与西洋人的身体。他的一个著名的观点是欧洲人腰带位置细瘦，而日本人小肠长，胃下垂，腹部肥大，不可能有什么细腰。大量的江户时期绘画证实了这种观点，江户美人在画中大都腰部粗肥，大腹便便。

5

如何看待肉体的丑陋，还有另一则新说。

《源氏物语》“末摘花帖”，写光源氏在农历八月二十刚过的秋夜，趁着月牙初上之际，与末摘花幽会。由于中间有一扇纸帘相隔，难窥容貌，但感觉这位女子“温雅柔顺，衣香袭人，自有悠闲之气”，便推开纸隔帘，与末摘花云雨一番。因为室内幽暗，对方的容貌始终无法看清。直到过了好长时间，末摘花才在一个大雪天的早晨露出真面目：鼻子又高又长，带有红色。脸骨宽得可怕，脸形长得可气，总之是位丑女无疑。

不知容貌长相，但确实又在幽暗中激情了。是如何激情的？紫式部当然无法具体描写。但据唯美文学大家谷崎润一郎的说法，日本女人的字面含义就是“深闺的佳人”，隐隐约约、朦朦胧胧是其本真。在灯光下一览无遗地欣赏女人的全裸身姿，这样的机会对日本男人来说是极少的。他们大多是凭借昏黄灯影，在深闺香阁中用手触摸爱抚，细聆低微的款语，饱闻衣袂的清香，抚摸着如缎的秀发，感触着那似水的滑润肌肤。顺着这条路径自然发展而来，结果同样是肌肤，日本女人远比西方女人敏感。虽然肤色不那般白皙，甚至还带有黄色，却反而平添内涵。谷崎说这是从《源氏物语》以来的习惯。而光源氏与末摘花的雨夜云雨便是典型。

所以，还是肌肤，还是日本女人的肌肤给谷崎留下了印象。他说过，一个在雪夜的寒气中瑟瑟发抖，在夜衾中难以成眠倾听晨钟的佳人，不时悄悄用衣角拂拭清泪，依稀可见那握着衣袂一角的“细笋般指尖的洁白”。他说过，母亲干瘪得几乎没有肉体，但对她的脚还有记忆，洁白得令人难忘。由此，谷崎推出极为著名的“阴翳”之说：“我们东洋人就是在微不足道之处利用阴翳创造美的。”显然，谷崎的结论是有别于他人的。这是雪粒敲打着葛藤铺葺的芦庵之顶，发出的噼啪作响声。

6

一九九一年，日本裸体艺术史上发生了一件最为震撼的事件。这年的二月，写真界的大腕筱山纪信以性感女演员樋口可南子为模特，出版了写真集《water fruit》。整本写真集黑白质感，影调丰富。从宽衣解带、轻褪罗衫，到浴池与床上的各种不俗的表现，将樋口纯真与欲望之间的情愫展露无遗。然而最为引人瞩目的是在写真集里，堂堂地露出了令人联想无边春色的阴毛。难道这就是情色人欲在胶卷上的终极之美？或者干脆说，是女人在男人面前的被脱去，被窥视，被羞辱？

只能见仁见智。不过当时的人都想，这本挑战尺度的写真集肯定要被取缔，趁警方还没动手赶快购买收藏。所以尽管价格不菲，依然十分畅销，不到两个月便加印五次。然而料想中的警察取缔之事竟然没有发生。或许他们也不得不叹服于这翻转于黑白之间的大胆裸露？也从鲜活的肉体芬芳中嗅到了艺术的玫瑰香？在同一年的秋天，筱山纪信又将镜头对准了当时的顶级偶像宫泽理惠，出版了全裸写真集《Santa Fe》。这回是彩色版。除了上半身秀色可餐之外，下半身秘丘周边的茂密更显楚楚动人。显然，曝光于筱山胶片上的青春玉体颠覆了一种审美倾向，一种裸体引发男性性幻想的陈腐审美倾向。筱山与宫泽都在玩弄一种日本文化才特有的春眠情调——在自然风光里逍遥慵懒的情调。这种情调源于阳春丽日的悠闲小憩。《Santa Fe》出版后引发了轰动效应，发行量超过一百五十万册。这个数字至今还是日本写真集销售量的最高纪录。

谈论裸体摄影家，荒木经惟是不能遗忘的。但他与筱山纪信有一个显著的不同，荒木始终通过自己的快门，赋予裸体生命最自然的状态。这位说过“性爱与死亡不是两极，而是性爱中包含了死亡”的写真艺术家，最为感人的作品是为年轻的和歌诗人宫田美乃里拍摄的裸体写真。这位诗人在出版歌集《花与悲情》的二〇〇二年，患上了乳腺癌，第二年做了左乳房切除手术。二〇〇四年，宫田写信给荒木，问道：先生，失去一个乳房的我能拍裸体写真吗？癌症还在扩散，但她时刻没有忘记将自己的裸之美传递给人们。被感动的荒木拿起了相机，将切除手术的痕迹清晰地收录在了胶片中。这一年，写真集《如花的乳房》出版。第二年，即二〇〇五年三月二十八日，这位女诗人死去，享年三十四岁。人们这样写诗悼念她：

谁说你没有乳房，

你就是一朵花，

你就是一朵开放的花。

雪白的花，雪白的花。

读来令人落泪。或许，这就是裸的正能量吧。

7

一对十八九岁的青春男女，一起从浴室出来。男人对女人说："你的身子可真美丽啊。"女人兴奋地问："真的？啊，那太高兴了。咱俩多少年没有一块儿洗澡了？""嗯。有十多年了吧。"

这是日本电视剧中的一个场景。这对男女幼时是邻居，常在一块儿洗澡玩耍。长大重逢，虽并非恋人关系，也能混浴。

这种始于江户时代的混浴，至今还在日本偏远的露天温泉存在。男女老少十多人全裸泡汤。透过蒸腾的水汽，远处山影绰约，近处探出一枝梅花。几个“小荷才露尖尖角”的少女，在池边的石上跳来跳去。视野里晃动的尽是雪白与粉嫩，但就是生不出邪念与欲望。在原始自然、朴素静谧的氛围下，好像男女都能成仙，邪念与欲望倒反而应该羞赧。这是否即是禅宗的“身心脱落”“无一物”，抑或是日本裸文化的另一面？

这种由外向内的裸的美学，在日本有个现成的理论可以解释——粹。这个理论是二十世纪二十年代在巴黎游学、混在女人堆里的九鬼周造提出的。这位“东洋贵公子”天生对女人有特别的感悟力。他的“粹”实际上可以解读成“裸的文化诗学”。九鬼在《粹的构造》中说，日本女人的裸之所以有别样的看点，缘于永远不断移动，但永远不会相交的二元性“媚态”。如出浴起身的姿态，会想起前一刻的裸体与池水嬉戏。泡澡后懒散惺忪地披上浴衣，总是不经意地展现出一种裸的媚态。九鬼说这就是粹。提着左侧裙袂行走，可以看到红绉绢绸的裤裙和浅黄绢绸的内长裤裙翻飞之间，不经意地露出雪白的脚足。九鬼会说，你看，这女子有多粹呀。这令人想起永井荷风“甘味与涩味”的说法。他说有一天在大街上遇到一个可以叫姐姐的涩女。而这位涩女是十年前欲与自己相约寻死的艺伎。如今看上去，这位女人昔日所具有的甘味，已转变为涩味。从甘味到涩味，是否就是女人内心的成长？而能意识并捕捉这种变化的人，也一定是媚态之人吧。

8

再将古希腊纳入我们的视野。从身体的文化史来看，古希腊人是裸体的先驱。他们为什么要裸？观念上，裸体是人们在他人面前宣示强大力量的一种表现。再深入一点，裸体是文明人的表现，而披着毛皮反倒是野蛮人的意味。野蛮人栖居于森林或沼泽地，远离石砌的世界。而文明人则在都市，一边公然地裸，一边安然地生活。每个人用自己的身体展示着各自的思想。雅典的民主因子竟然发端于裸体，这令思想家们始料不及。

在古希腊，裸体的主体是男人而不是女人。有研究者指出，这与男女体温有关。男性的体温偏高，女性的体温偏低，所以即便在盛行裸体的古希腊，也很少见到一丝不挂的女人在大街上走动。女人只能在家里裸露。从这一意义上说，男女差异不在质上而在量上。这也正如亚里士多德所说，精液的热量顺着血液传布到躯体各端，为此男性的肌肉比女性要来得热、来得坚硬。由于在大街上走动的裸体男性多，同性之间触目所及，生出爱意。故古希腊又是男同性恋的发源地，从高歌裸体之美到恋上裸体之美。

但东洋的路径完全与此不同。日本裸文化的源头可以追溯至久远。

在古代日本，性的主宰者不是男人而是女人。最为典型的表现是古日本的结婚制度——“妻间婚”，男性到女性那里去。此外在日本，祀奉神灵的不是男性而是女性。因为女性有天然的祀奉神的能力，故又谓之巫女，专门让其传授神意。这些都是女性家族制的投影。如日本的神社在六月和十二月要举行大祓。神官和祭祀者必须穿过社殿前的“茅轮”（草圈）。这个茅轮据说是袒露的女性性器的象征。神宫前的鸟居则是茅轮的固定化和脸谱化。由此，裸被编织到一种泛宗教的谱系中，不再是也不单纯是情色的问题，而是一种与祀奉有关的神事——我赤裸地进入这个世界，也必须赤裸地离开。

日本最初的裸体表演者是天钿女命。为了把天照大神从天岩户引诱出来，天钿女命跳起谓之神圣的脱衣舞。这脱衣舞是为了让神快乐的“神乐”原型。“神乐”至今还在一些神社上演，但对大众来说已经失去魅力。然而神乐之魂则以现代剧种的形式演绎至今，这就是日本大街小巷的脱衣舞剧场。

日本脱衣舞最顶级的场面是“特出”。舞女们从舞台的中央逐渐靠近离台不远的观众，然后最大限度地张开双腿。观众轻声地呼吸，剧场被安静包围。魔术般的器官在神秘的光芒之下，展露在观众的面前。舞女们面带母亲般的微笑,好像在招呼客人们靠近些，更靠近些。男人们所有的注意力都集中在女性解剖学构造的一点上。这里，舞女们并不是男人欲望侮辱的对象，而是像女神一样完全支配着男人。这个紧张的仪式结束后，观众报以热烈的掌声和笑声。男人们掏出手帕擦拭着脑门上的汗。以神道触发的产自日本的裸文化与以佛教触发的贵族式的美，形成了完全的对立。

舍特拉兹是二十世纪初的德国人类学家，他长期从事女性身体的研究，当然也研究日本女性的身体。他并不认为日本人是好色的民族。他说：“日本人在描写色情的时候，寻求的不是野蛮的要素，反而是滑稽的要素。中国人没有这种明显的特征，但这一美德确实存在于日本人的性格之中，这是健全自然的因素。”

什么叫“滑稽的要素”呢？就是在心与身、灵与肉的二元构造中，将脑的妄想功能扩大化，用作为精神的身体取代趋于一同的肉体。这就如同江户时期的浮世绘画家喜欢将男性的性器巨大化。裸露在读者眼前的这个夸张的部分，究竟是肉体的还是精神的？究竟是客体的还是主体的？究竟是大宇宙还是小宇宙？显然，这里的裸已经褪下生理的旧衣，穿上了文明的新衣。

这就回到文章的开头，日本的裸究竟是一种怎样的色呢？俳人小林一茶给出了一个视角：

“雪的碗里，盛的是月光。”

“艹芽也。从艹明声。”

然而日本人却说：

萌是幻想者的乌托邦，

是多元层次的爱与被爱，

存在于痴愚和狂癫之间。

1

萌究竟为何物？没有人知道。

没有人知道是因为没有人发现，萌原本是无法用肉眼分辨的。就像樱桃每季何时最新鲜，煎蛋每日何时最鲜美，无法用肉眼分辨一样。无法用肉眼分辨的东西想必是魔幻的东西，是妄想的东西，是虚空的东西。苍穹转为暗淡，碧海变得沉静，翠层开始晕染，是自然世界开始扭曲了，还是人的世界开始显形？世界原本只有一个，但萌硬生生地将世界一分为二。这就是萌的力量。不必骚乱，不必煽动，会毁坏的必定毁坏，会有建树的必定有建树。

顺着萌的二次元，我们惊讶地发现，女性绝大多数不是双性恋就是同性恋，异性恋反倒变得稀有。虽然女人们都宣称自己是异性恋者，但性欲的激发表明这句话并不为真。又惊讶地发现，男性堕入了“恋爱资本主义”这个深坑。向内毁灭自己，向外毁灭他人的一个结果，是迫使男人转向想象的世界，在想象的世界里体验何为纯爱。

或许由此之故，日本人为萌设定了如下的框架：诸如萌是被洗脑者的精神再建，是共同妄想论者的自由世界，是多元层次的爱与被爱的过程，甚至是一个老人追问美少女，今晚也能过来相见吗？但是，当追问这世界是否还是男人的世界的时候，即使再多萌的框架，恐怕都无法厘清这个问题：如果这个世界还是男人的，那为什么萌萌的美少女拥有无敌的魔法？动漫中的娜乌西卡和木之本樱，漫画中的天野爱，她们都为男性而战斗。而让半裸女孩驾驶巨大的机甲，则表明男孩无法承载梦想。写过《为什么日本人喜欢制服》一书的三田村蕗子，说得更是赤裸裸：男生即便穿制服也不会被多看一眼，只有女生穿制服才是话题。而蜡笔小新经常掀女生或女老师的裙底，则是男性成长的潜意识象征。

所以，在日本人的眼里，咖啡馆女仆的形象是“黑色长袜+纯白围裙+女仆头带+软绵绵的话语”。她们有求必应地侍奉着被恋爱宣判死刑的“电车男”（御宅族的另一种说法），最终令他们摆脱恋爱难民的身份。从这一点而论，萌确实是这个世界的新显学。新显学的一个逻辑设问是：你能选择爱或不爱，而我只能选择爱或更爱，那么谁更幸福？

2

日本人常说，所谓东洋，常常具有欢乐和寂灭两个截然相反的境界。良宽“天上大风”的痴愚，一休正月初一提着骷髅满大街跑的狂癫，可谓是这个境界。小说家室生犀星写蝉，说蝉脸酷肖人脸；说蝉叽叽地鸣叫，又小便了；说蝉想吃东西，奏响了胸腹间两片鱼鳞般的小笛子。太宰治写容貌，说小头小脸是美男子，大头大脸是丑男子，自己呢，鼻子要是没有变红就好了。芥川龙之介写春夜，说春夜的语言是“小安屙了一泡绿苔尿”，说春夜的幻想是“牧场的正中央有一只烧鸡，垂首思考着什么”。诗人与谢野晶子写乱发，说“我的肌肤何其光洁，我的黑发这般柔长”，还说要“蓬勃我乳房，教君恣意握”。俳人小林一茶写墓地，说“秋风呀，撕剩的红花，拿来作供”。清少纳言写胡枝子，说花色很浓，树枝很柔，为朝露所湿，非常好玩，雄鹿最爱啃食它的嫩枝。所以自带呆萌属性。

夏目漱石是日本的大文豪，更是日本人的骄傲，但他不知道米饭从稻谷中来。那么，夏目漱石还有文化吗？或者文化还配夏目漱石吗？更有甚者，这是否就是萌文化的得意之处——任何人休想将我一网打尽？

《好色一代男》中写一位名叫飞入的俳谐高手咏出俳句的首句：凉爽呵，昨夜吉田陪我坐。这位江户吉原游廓的吉田游女即兴配句：萤火虫呀，飞进我的被子里。毫无疑问，这位游女是知风情为何物的，更知萌为何物。

接吻的时候到底是该闭上眼睛呢，还是睁着眼睛？据说一位女学生曾向芥川龙之介询问过这样的萌事。六十八岁的良宽邂逅二十九岁的尼姑，生命的激情再次燃烧：“望穿秋水伊人来，如今相会思无他。”这是再老也断不了的色欲之萌。而极端厌弃光亮的谷崎润一郎，喜欢奈良寺院里古旧又昏暗的厕所，说在这样的厕所里，有雨声、虫鸣、鸟叫的三重萌。

日本人喜欢说“雪的碗里，盛的是月光”，这已是极美之萌了，但暗合佛家的“白马入芦花，银碗里盛雪”，则更合萌系角色。而松尾芭蕉的“青蛙跃入池中央，一声响”，则是公认的观念之萌的至高手笔。

3

漫画之神手冢治虫去世二十五年之后，他的女儿留美子有了一个意外发现，惊喜了自己，也惊喜了御宅族。手冢治虫竟然画了许多萌系的裸女。有一九七二年《奇子》中成熟的女性角色，一九七〇年《人间昆虫记》中的十村十枝子，当然还有一九七一年的《阿波罗之歌》中洁白的肉体与乌黑的长发，还有一双能看透男人的大眼。这些裸画都亮相于东京吉祥寺 GALLERY KAI 举办的手冢治虫美女画展上。这是二〇一四年十一月的事。用女人的裸体展现自己的内面，手冢的女儿说她的父亲是超萌之神。

确实，手冢治虫的漫画《奇子》中，天外奇子的诞生是乱伦的结果，她的幼儿气息具有暗示性。奇子在幼女的头部嫁接了少女的身体，宛如怪兽一般，她在五岁那年意外看到二哥犯案的证据。天外家怕事情败露，便将奇子终身监禁于地下室。在远离世俗的“无菌室”里，反复上演少女思春与哥哥近亲相奸的淫靡故事。奇子就像泥土中的地虫，经过若干次脱皮，急速地从少女变身为熟女。没有外伤没有疲惫的肉体，像妖精一样极为水灵、清澈，散发着光芒。

显然，日本美少女的构造在这个时间点上迎来了拐点。手冢治虫之前的美少女形象，延续了从平安时代的引目钩鼻到江户时代浮世绘美人画系谱的传统。从竹久梦二到中原淳一，线条般的细眼是美人画的基本。到了手冢治虫则变成巨大的、占了半张脸的眼睛。而婴儿般的清澈肌肤，是赛璐珞动画[①]角色的特点。创造出“赛璐珞画肌”，是为了寻觅新的爱神，在用以祝福婴儿圣洁性的同时，亮出的是萌的要素。

如何赋予女体人造性？手冢治虫的这个考量，在《怪医黑杰克》中也有所表现。与杰克同住的女孩外表看似幼女，实际已经十八岁，是杰克医生从其姐姐体内的畸形囊肿中取出的。由于在姐姐体内寄生了十八年，所以宣称自己是十八岁。即便十八岁，也是刚出生。使用合成纤维制成外皮，是为了使女孩不失去幼女的外貌。舌头发育不全的发音，是为了强调幼女的性质。角色的萌要素跃然眼前。

4

天下同萌，这是日本人看穿万事的一个视点。自由作家本田透

①日本动画早期是用赛璐珞胶片绘制的，赛璐珞停产后，才逐渐转变为数码制作。

的《真正萌的格林童话》，将屡遭暗算也不改迷糊个性的白雪公主萌化为“天然呆”。川端康成嗜好美少女，否则如何写出《伊豆的舞女》和《睡美人》？在村上龙的小说《Love and Pop》中，十六岁的女高中生吉井裕美没有找到答案，但她还是用身体换了戒指，最终用萌化解了问题。樱井亚美的小说《无辜的世界》里，十七岁的亚美被父母抛弃，与智障哥哥乱伦，又为了保护哥哥以卖春的方式赚钱，最后怀了哥哥的孩子。这位即便被肮脏的世界玷污了全身，却一点也不会被这个世界渗透的亚美，被日本读者视为极萌的人。

当然，村上春树也是位萌大叔。他的杂文集《大萝卜与难挑的鳄梨》中有一篇写在冰岛的宾馆，打开电视都是男女做爱的性频道。村上写道：“甚至有种庄重感，我不由得正襟危坐，非常认真地看起来。这话说来未免有点那个，不过这世上还真有这种颜色、形状和尺寸的性器呢。我不禁‘唔’地哼出声来，十分佩服，长寿可真好。”你看，萌有时是一声由衷的叹息。《1973年的弹子球》中，直子自傲得宛如爱丽丝梦游仙境的柴郡猫。而《挪威的森林》中的直子，则自卑地希望只要自己能够被记住就可以。两位直子都萌得转瞬即逝。有一位自称“极乐鸟”的三十一岁单身母亲这样问村上：我有一个十一岁的儿子，整天只知道打游戏不看书。到底怎样才能把儿子培养成像你一样，会一个人去看《四百击》呢？这当然也是一位极萌的人。

萌大叔村上对萌还有一套说法。他说：“我首先在笔记本里画上一道竖线，右侧是要葬送的古旧的想象力，左侧是活着的现代的想象力。”何谓古旧的想象力？就是将宏大叙事和完成性作为一种进步的想象力。何谓现代的想象力？就是将非宏大叙事和未完成性作为一种堕落的想象力。从这点看，萌最本质的一点恰恰是未完成性，它永远处在变动的火山口上。

而亚文化学者东浩纪的“萌学”，是像小鸟一样筑巢结网，像青蛙与蝉一样举办音乐会，像动物的幼子般嬉戏，像成年的野兽般发泄性欲。人活着，究竟从哪里生出意义？东野圭吾曾租借不足十平方米的房间，上厕所要往屋外跑，屋内会有蜈蚣出没。东野反问东浩纪，意义不就是从破房子里生出的吗？这无疑都属于脑洞系萌。

5

“小新也有新娘了，没意思了。”几年前大批蜡笔小新迷的失落引出一个话题：为什么五岁的小新更让人喜欢？为什么十七岁的柯南始终是七岁的模样？

难道萌就是让人生出想守护的感觉？这里，守护方表现出的是成熟，被守护方表现出的是未成熟。用成熟守护未成熟就是萌。而未成熟看似需要守护，在逻辑上恰恰又是成熟者并不成熟的一个结果。未成熟者在受到守护的过程中，反过来又守护了成熟者。《源氏物语》里的主人公源氏，十八岁的时候在北山深处的庵屋偶遇只有十岁的紫姬，她长发黑亮，圆脸小鼻，当属萌态，于是源氏有了想守护的冲动："野草生根通紫草，何时摘取手中看。"但从结果看是谁守护谁呢？后来，源氏的儿子夕雾看到紫姬，仅仅一瞥，便觉得宛如春之女神。虽然她郁郁寡欢至死，但还是理解了男人的爱与性，最终是她在守护着永不成熟的萌男。恐怕正是在这一意义上，日本人才说，萌的历史可以追溯至《源氏物语》。

这便生出一个问题：动物的小宝宝为什么可爱？奥地利动物学家劳伦茨的研究表明：小动物不可爱的话，父母就不会照看它们。如果这个结论也适合人类，那就是人的年龄越大，越喜欢小孩。而小生命之所以具有天生的萌态，则是在亿万年漫长的进化过程中，养成了对周遭事物随时保持警觉，保证自己不受伤害的一种生物本能。其实呆萌也好，笨拙也好，憨傻也好，都是在表白自己没有进攻性。他人就没有防范心理，反过来也保护了自己。一旦有进攻性，就会遭遇抛弃的命运。

所以，美少女的大眼睛眨巴眨巴是卖萌，抿抿嘴唇、伸伸舌头也是卖萌。在头上戴上情感的人工装置——兽耳，可表现委屈，可表现悲戚。当遭遇无法克服的困难之际，当力有不逮之际，萌上一把，就是将自己退化至孩童时代，放弃成人处事原则的聪明做法。这种退行本质上是一种防御机制。

日本的萌还给了我们一个思考之处：日本为什么是全球治安最好的国家之一？

原因很多，但一个不可忽视的原因是宅男们有二次元情结，每天与电波中的美少女互动，与她们在脑内恋爱，在脑内结婚。他们在萌系的二次元游戏里，用鼠标来触摸虚拟世界里的躯体，以此消解性欲。现实反而虚幻，虚幻反倒真实。但如果触摸现实中的女人，反倒变得不习惯，萌生退意，从而丧失了对女人的兴趣。在日本有“素人处男”的说法，指虽有在风俗店里的性行为，但没有经历过因为恋爱而生的性行为。为女人花钱，为女人花精力，最后只是为了做爱。当这么一件简单的事情被揭穿之后，萌男们不禁追问：既然在风俗店也能干这样的事，为什么还要花钱花时间谈恋爱呢？

本田透在《电波男》里说过，得不到爱的人将鬼畜[①]化。人一旦确信自己不被爱，并且不值得被爱的时候，就会对世界感到绝望。绝望之余，会认为自己是对的，不对的是这个世界，因此报复这个世界就是时间与程度的问题。而对这个世界的复仇实际上就是对人的复仇。是萌的二次元带领着不被爱的人走出这个困境，将他们吸引过来，并让他们陷入没有虚假的纯爱中，醒来后发现自己在二次元里好像也很幸福。所以日本人说萌带来了和平，“恋爱资本主义”将被“电波男”取代。

日本有“败犬女”一词，源自酒井顺子《败犬的远吠》一书。但这里的败犬女是骄傲和有性格的象征，绝不是“剩女”这个词所包含的无用之意。原因在于日本的“败犬女”是一种萌，一种自我

①意指像魔鬼畜生一样残酷无情。

感觉良好的萌。同样是孤独，同样是对生的无意义的慨叹，但在她们的眼中，宅男是宠物般的存在，说得再难听点，就如同突然露出性器的狗一样恶心。“败犬女”与“御宅男”就这样各自走着自己的萌之路。看来日本人更在意的是萌这个私人领域，以及从这个私人领域生出的多元角色。这个私人领域的根部又与母性依赖症有关。从江藤淳的《成熟与丧失》、土居健朗的《撒娇的构造》到河合隼雄的《母性社会日本的病理》，文脉上继承的是日本人对母性社会的宽容与包含，而不是切断。

6

萌有未来吗？

手冢治虫的漫画《佛陀》中，被幽禁的老人祈求佛陀的救助。佛陀对老人说，在你的房间一角长出的杂草是你的朋友。老人最初不明白杂草为何能疗伤，杂草不应该就是杂草吗？但不久杂草变身萌系角色——美少女。老人在惊喜之余，发现自己的孤独灵魂被治愈了。于是老人也变萌了。虽被周遭的人骂为疯子，但他依然继续卖萌。老人问：今晚也能过来相见吗？可爱的萌女回道：老爷爷你非常善良，我也很想见你。这时，大脑中治疗孤独之伤的“卡通”发挥了作用——人只能自己救自己。这就涉及了萌的核心问题。其实，孤独的萌男具有在自己的内面发现神的能力。从这一意义上说，所谓的萌也可理解为个人的信仰，或只有一个人的宗教。最终，手冢治虫给了这位老人选择：选择回归现实社会就是死，因为这个社会的哲学是弱肉强食。选择封闭自己的自欺式自救，还能暂时活在感觉中。而且选择后者才能活得更像个男人。

学者宇野常宽在二〇〇八年出版《零年代的想象力》，宣称日本在经历了高度经济成长时代之后，从不自由却很温暖（容易理解）到自由却很冰冷（难以理解）的变化，本质上是萌的文化性具有了更为宽广的视野。宇野用“ひきこもり”（窝在屋里）这个词表现日本新生代的共同特征：隐蔽——御宅。但美少女不会对御宅族们说“感觉真差”，因为爱上一个平凡的男人，也是萌的内在要求。高桥真的漫画作品《最终兵器彼女》中的女主角千濑是可以毁掉一个城镇的终极武器，而她的恋人修平是最平凡不过的学生。当她对男友说“对不起，阿修，我变成了这副模样”的时候，是源自本能的母性包容着这批隐蔽在社会中的宅男。在这里，战斗的美少女成了重大事端的决策者。庵野秀明的《新世纪福音战士》中的男主角碇真嗣，也是一位不愿作决定的萌男，与隐性的社会价值观相吻合。

蠢萌、呆萌、激萌、暗萌，但万萌不离其宗的是，即便知道是骗人的，也可以被感动；即便知道是演技，也可以入戏。实质上无意义，但抽取出的则是形式上的价值和志趣。

这样的萌与感动，则以另一种形式被高效地大量消费。大人们买变身器和各种玩具，看Q版电影，他们照样闪耀着人性的光辉。萌是对未成熟的守护，也是对成熟的修复，如此看来，萌还是有未来的。至于萌是否会导致全社会的低智化和幼稚化，如果反向思维的话,这个“低智化”和“幼稚化”恰恰是萌要勾画的未来图景:我思故我在。

7

日本的西式糕点在放入口中的一刹那，就弥漫着牛奶和奶油的香味，吃起来有松脆的口感，在微微甘甜中散发着水果味；日本的蓝眼白猫，清醒时和睡着后的样子反差巨大，因此在推特上爆红；北海道一家铁道公司为一位高中女生开设了三年的一人车站；宫崎骏每天对着空屋说“早上好”；水木茂的妖怪纪念馆几乎将整个小城打造为鬼太郎的世界；全日空将星战机器人 R2－D2 涂装上飞机；当四千二百种不同的颜料陈列在绘画用品店的墙上，除了“萌”你还能说什么?

吉永史的《西洋古董洋果子店》中的四位男主角放弃所有的欲望，不谈恋爱，不为治愈心中的创伤刻意与别人交往，只专注于自己的生活。河下水希的《草莓百分百》中的“草莓内裤”成为美少女的化身。这些都是不可多得的萌。

群马县的吉祥物是一匹永远七岁的小马；奈良县的吉祥物是头上长鹿角的迁都君；北海道夕张的吉祥物是哈密瓜熊，它的最大特征是凶暴无比；千叶县船桥市的船梨精是最早的会开口说话的吉祥物；而熊本县的萌熊是日本吉祥物中海外推广最为成功的一位，它不仅萌态十足，而且还什么都会，能骑车，能泡澡，能装蒜，能钓鱼，能偷菜，能做家务，能演歌舞伎，能组乐队，能安慰寂寞男孩，能向美女献殷勤——无所不能到让人有一种“好妒忌这个家伙”的感觉。这就像一位八十二岁的作家，说自己的视线怎么也不愿离开少女的超短裙，为此还引发了目眩。你说这位老作家是色还是萌？

神

“天神，引出万物者也。从示、申。”

在日本，祈祷商业繁盛，去稻荷神社；

祈祷考试合格，去天神神社；

祈祷赛事胜利，去八幡神社。

这种“见异思迁”恰恰表明

在他们的眼里，神仅仅是解决眼前问题，

获取利益的实用之神。

1

小保方晴子这位美女研究员曾引起生命科学界的骚动，STAP细胞让她一夜成名，也是STAP细胞令她一夜坠地，真所谓冰火两重天。STAP细胞成了成也萧何败也萧何的儿戏。她在二〇一六年出版极具震撼性的手记《那一天》，开首句是："如果神说，没问题，能回到那一天呀，那我将选择迄今为止的人生中的哪一天？"

神说。神如是说。令我们想起尼采的句式。看来这位研究员没有被骚动吓倒，更没有被丑闻击倒。歪曲事实的究竟是谁？生命科学界的内幕有多少黑暗？这位女子用神来开道，用神来封住所有人的嘴。你们不是相信神无处不在吗？那么就在我所在的研究所，也有神在，也有神在监视着一切，那么谁又能在神的眼皮底下戏弄神呢？小保方晴子用日式的感觉说出了神的无所不在，引出了日本文化中一个非常重要的概念：神。

这个神，日本人叫"Kami"（カミ）。在万叶假名里，则写成"伽未""柯微""可尾""可味"，读音都是"Kami"。为什么会叫"Kami"

（カミ）呢？原来从词语的根源性来说，神有几层含义。一个是“镜”（カガミ）的意思，一个是“畏”（カシコミ）的省略，一说“カミ”中的“ミ”指向太阳（ヒ），另一说是“上”（カミ）的意思。神与上同格，在江户时代得到了许多支持。

基督教里的“God”指向的是唯一，所以开首字母必须大写。如果是小写，“god”的意思就变成了遍地存在的多神之神。当初基督教传到日本，如何翻译这个“God”令人困惑。当时有翻译“大日”的，但和真言宗的“大日如来”相抵触，未被采用。又有翻译“天”“上帝”“真神”之类的。最终在明治初年，圣经翻译委员会经投票表决，还是选定“神”这个汉字，读音为“Kami”。

同一汉字的“神”，同一读音的“Kami”，在日本人的意识层面却有截然不同的认知和体验。

江户时代的国学家本居宣长，对日本的神有个沿用至今的定义。他说所有超凡之物都是神，又说凡是能给人“物哀”感觉的也是神。这里的层次在于，超凡之物不一定是物哀之物，但却是神。而物哀之物也不一定就是超凡之物，但也是神。这个定义实际上触及了下面一个问题。

2

再深入下去，我们发现，日本人所说的神与《圣经·旧约》里的神完全不同。不同在哪里？

《圣经·旧约》里的神，是叫人信仰的神。而日本神道教里的神，是叫人感觉的神。一种是信仰神的唯一存在的宗教，一种是感觉多神之气韵的宗教。

在伊势神宫，在神的面前，日本和歌的代表者西行这样感受道：

神殿里，有怎样的神？我不知。
神殿里，神是怎样镇座的？我不知。
但是，在神的面前膜拜，
感激的泪水会油然而生。

这里，神的身姿，神的存在，神的意味，都在西行的视野之外。仅仅是神的气韵和神的气息能被神奇地感觉到。沉浸在神域的氛围里，身心都会颤抖。

这种感觉，在歌人藤原敏行的身上，又是另外一种表现：

秋天暗自来，展目难明视。
一听吹风声，顿惊秋日至。

同样是风声，春之风和夏之风，有何不同？秋之风和冬之风，有何迥异？然而，歌人还是微妙、敏锐、细腻地从到访的风声中感知“秋日至”。这种对自然的感觉连带着对神的气合韵势的感觉。自然和神，用同一种方式去感觉，用同一根神经元去感触，这是日本人才有的感受性。

《源氏物语》“明石帖”中，光源氏在须磨浦，面对暴风雨的恐怖袭击，有一种莫名的感觉在骚动：

> 住吉大神呵，请守护此境。
>
> 大显神威，救救我们这些无辜的人吧。

住吉大神是什么样的神？它有怎样的形象和意味？光源氏恐怕未必有所知，但感觉告诉他，须磨浦有住吉大神的存在；感觉告诉他，住吉大神能守护无辜的人。

从这里我们可以看到，在日本人的眼里，神是没有具体的身姿和形状的。所以《日本书纪》里写雄略天皇即便看到了葛城一言主的大神神姿，也没有认为他就是神，还在问你是谁？之后天皇就此事向大神陈谢。另外在《古事记》上卷的部分，记述神在这个世上诞生的时候，用了“隐身”一词。这里不是有身体而故意隐藏起来的意思，而是一开始就隐而不现的意思。也就是说神一开始就没有身体。因为看不到身姿和形状，所以只能感知。也正是在这个意义上，多少年前，法国作家奥利维尔·杰尔曼－托马斯在走访了京都、奈良、伊势、那智和出云后，被一种无所不在的灵性感动，在《日本待望论》中写下这样的话：“日本是人类史上最大的精神文化的继承者。没有神道就没有日本。”

3

再来看看文明世界的另一端。如果沿着约旦河前往耶路撒冷，满眼的是沙漠，无边无际的是沙漠，走不完的还是沙漠。无依无靠，无援无助。

在可望不可即的天边，有一个宝藏，一个价值连城的宝藏。在可望不可即的天边，有一位神，一位光芒四射的神在向你招手。

你信不信？你去不去？你肯定信。你肯定去。因为你别无选择，如果你不信，如果你不去，可能一天也无法活下去。在极端的环境下，如果判断稍有失误，就会失去性命。向右，可能存活；向左，可能死于热沙。在这种生死抉择中，议论是没有意义的，感觉是徒劳的。这是生活在沙漠中的人的思想和祈望，绝对信仰由此生根。

世界三大一神信仰的诞生地都在中东。这是为什么？大概还是和沙漠有关联。即从地理条件来看，中东地区有广袤的炎热沙漠。“在这个世界上，只有信奉神的人，才能获救。”《圣经》里如是说。这一信仰的理念基础大概就是沙漠文明。这种文明所倡导的是只要信一个神，信一个领袖，就可以了。所以耶稣说：“我与你们同在，直到世界的末了。”这是叫人相信，给人以“信”的信心与力量。在《圣经 · 旧约》里，神这样“召令”：离开养育你的故乡，请去由我指定的地方。向你祝福的人，有我来祝福；向你诅咒的人，有我来诅咒。旧约里的神为什么有资格、有气魄发布这样的“召令”呢？原来神这样表白自己：我是全能的神。请你跟随我的步伐，义无反顾。问题的关键恐怕就在于此。

与干热的沙漠文明相对应，日本是一个多雨潮湿的森林国家。四面临海，北端的稚内是亚寒带，南端的冲绳是亚热带。拥有六千多个岛屿的生态，必然满眼是绿。而朝昼夕夜的细微变化，只能靠人微妙的感觉去适应。当然，在森林里做生死的判断也非易事，但基本不会出现像沙漠地带的光和暗、生与死的二难选择的困境。在森林里，往东，可能有蘑菇和野果；西行，可能有猛兽毒虫；向北，可能有悬崖和峭壁；朝南，可能有瀑布与河流的洪水在泛滥。这里为生提供了多元的选择。你可以东走，也可以西行。你可以朝南，也可以向北。此外，生活在森林里还必须有矿物和植物的知识，有动物和虫草的知识，有天文和地理的知识。一个人身上不可能集中这么多知识，全知全能就变得没有任何意义和可能，所以需要各种议论，需要各种感觉。因而日本人一般不强调“我”的强大和“我”的不可一世，多神多佛是日本文明的必然选择。

因此，同样是神，一神教的神是要你相信，多神教的神是要你感觉。前者是有形的神，后者是无形的神。在伊拉克参战的多国部队成员，在靠近胸口的衣袋里有一枚纸片，上面印有《圣经·旧约》里的诗句：

神带领我们进军，碾碎所有的狮子和蛇。

这是西方人敢打敢拼敢冒险的基因所在。

在日本，神与生命有一种清晰的连带感，由此产生和创造出有生命的东西，这叫“产灵”。所以日本人称画家为注入生命的职业，称职人为注入精魂的职业技术者。在他们看来，工作是神和人的共同行为。不可否认，这正是日本人精湛技术的精神原点。在物品中注入精魂和生命。物品鲜活了，技术也同时人格化了。《日本书纪》“天孙降临”一节，天照大神对自己的孙子琼琼杵尊说：本来，苇原中国（地上）的稻作应该是我去种植的，但我在高天原（天上）也有稻作，所以就委托你去苇原中国种植。为尊崇天照大神这一誓愿，作为琼琼杵尊子孙的天皇，至今还在宫内认认真真地种植稻田，从播种到收割。天皇割下的稻穗送到祭祀天照大神的伊势神宫。在内宫和外宫举行的神尝祭上，将稻穗悬挂在玉垣（神社周围的木栅栏）上面，称作“悬穗”。这就是说，稻作原本是在高天原（天上）进行的神业，而苇原中国（地上）的人们只是在模仿神的劳作。这一模仿本身也带上了神圣的光环。奈良县北葛城郡有一座广濑神社，每年举行“广濑大忌祭”，其祝词里就有“天下公民从事高尚的稻作”这一句。天下公民替代天照大神从事稻作，那么这稻作本身就不是一般的劳动，而是一种值得尊重的神业。日本大米之所以有好吃的名声，也在于种植者将其视为神业在精益求精。

4

因为神是被感觉的对象，不是被信仰的对象，而感觉的主体是人,因而日本人观念中的人就是神。人是活着的神,或叫“现人神”,所以日本人讲“人信仰”。

这和西方人不同。西方人认为神是唯一的存在，是一个超越全体的存在。《马太福音》里如此记述耶稣基督降生：看，必有童女怀孕生子，人们要称他为以马内利（意指“上帝与我们同在”)。所以西方人讲“神信仰”。

“人信仰”派生出相信人的观念。“神信仰”派生出怀疑人的观念。前者用人伦确保社会秩序，后者用契约维护社会秩序。

只有神是唯一的超越的存在，所以任何人都是在“原罪”阴影下的存在，都是被怀疑的对象。笛卡尔说“我思故我在”，宣告了近代科学黎明的到来。但深挖这个“思”，其原点就是“怀疑一切”。当霍布斯说出“人对人就像狼一样”的时候，其实是一神教历史在这个世界的投影。人人都被怀疑，社会秩序的保持、共同体的形成就有相当的难度。由此产生了契约的观念,用来保证人伦、保证秩序、保证共同体。这是西方人的发明和生存方式。所以，神对诺亚和他的儿子们说：“我，必须和你们，以及你们的子子孙孙，订立永远的契约。”与神立契约的精神是什么？是绝对遵守。如何才能做到这点呢？神又说：“我与你们同在。”也就是说，“我”的存在是每时每刻的，所以必须无条件地跟从“我”。“我”才是契约的主体，才是契约的债权部分。那么，如何才能保证这种“无条件”能无条件地实施？唯有靠垂直的控制力量。“人生而自由，然而他自此处处背负着锁链。任何人都可以认为他是他人的主人，但是他只是比他人更为不自由的奴隶。”十八世纪卢梭的《社会契约论》开篇第一句话，就是对神人共约的一种本质揭示。

因为日本没有超越一切的神的存在，也就不可能发酵出以一神为主体的契约精神，所以不敢想象与神签约，也不理解为什么要神人共约。为了确保社会秩序和共同体的完好，除了相信人之外，除了“以心传心”之外别无他途。“人是在互信之中的存在”这一命题，只有在日本能够确立。因为不这样做，日本社会的人际关系就会崩溃，社会秩序就会混乱。对处在同一共同体中的日本人来说，最大的恶、最讨人嫌弃的事，就是人对人的背叛，所以日本人最恨告密者。“内部告发”举起的虽然是正义之旌，降下的却是人伦之旗。在正义和人伦之间，在义理与人情之间，日本人基本是牺牲前者，保住后者。这养成了“顺从”和“撒娇”的民族性格。日本的司法检举率一直很低，在观念上也是源于这里。坂本龙马这位极有人气的明治时代的“革命家”，为什么被暗杀？这虽然被列为日本近代史上的谜中之谜，但从“人信仰”的角度来看，揭秘的关键恐怕还在于他是一个“奔走于幕府里的背叛者”，这是最不能原谅的。

江户时代的“村八分”，是对背叛共同体的人实施孤立的一种惩罚。原本人与人交往有“十分”（出生、成人、结婚、建房、火灾、水灾、生病、葬礼、出行、法事），但对违规的人实施“村八分”（即断绝八个方面），只留下“二分”（即火灾和葬礼）的交往。这种“村八分”的做法是日本人奉行“人信仰”的典型。日本人万事都需要保证人，其中一则理由就是不使一个人从共同体社会中脱离出去，所以在搬家时、在转职时需要保证人，可以是家人，也可以是其他人。

另一方面，由于讲“人信仰”，就要想方设法使对方相信，我是真诚的，我是善意的。这便生出了“建前与本音”“表我与里我”这些日本人特有的文化装置。[①] 即嘴里说的未必是心里想的，做的一套未必是实质性的。凡属建前的、凡属表我的都是不可信的，都是圆谎的。这就是在谈判桌上日本人没有一句真话的原因。第一个踏上日本国土的美国人佩里，也说说谎是这个国家的人的天赋。日语中的敬语部分，说得直白一点，是为了掩盖说谎而设计的。即便说谎，也要说得美丽些，说得诚恳些，让人心里舒服。这是敬语的功用。那么，这种说谎的天赋是如何养成的呢？就是从人信仰而来。人信仰又是从哪里来的呢？就是从多神信仰那里派生出来的。

德国文学研究者竹山道雄，有一次被邀请去德国家庭做客。德国客人端出仔牛的头，问：你想吃哪个部分？是眼睛还是舌头？

竹山说：“日本人不吃这样的东西。这很残酷。日本人要吃的话，仅限于烧烤麻雀。”

但竹山的话遭到了德国客人的非难。他们说：“牛属于神，是为了让人们能够吃到而来到世上的。而麻雀是人们玩赏的对象。放着神叫你吃的食用牛不吃，偏偏吃不被神认可的玩赏的麻雀，这才是真正的野蛮。”竹山道雄听了，犹入云里雾里。

①建前意为场面话，本音意为心里话，表我意为外在的我，与建前对应，里我指真实的我，与本音对应。

确实，日本人很难理解这段话。这是绝对的一神教的理论。精神的构造从一开始就有很大的不同。

天正十九年（1591），进入全盛期的丰臣秀吉在属于自己的精神宫殿——京都的聚乐第，会见了葡萄牙基督教会的传教士。得意的秀吉说道："我国是神国。神是什么？神就是心。没有神，就没有灵的生成。没有神，就不晓万物。"

这是在出兵朝鲜两个月前，秀吉用日本人特有的对神的感觉警示西方人，基督教的一神信仰在这个国度是难以生根的，显露出对西方文化入侵的警觉。

5

这里需要进一步阐明的是，日本人所说的神，表示了一种什么样的观念呢？或者说是指代什么呢？

深入研究的话，可以概括出三点：

一是指雷。日语中雷的汉字与中文一样，但发音是"Kaminari"，意为"神鸣"，"神"发出震天的"鸣叫之声"谓之"雷"。

二是指虎狼豹等猛兽和妖怪。

三是指山。《万叶集》里有"在伊夜彦神的山麓上"的句子。这里的"伊夜彦神"是指伊夜彦山。将神指为山，是日本人古已有之的信仰。故而今天的日本人对山岳也怀有特别的感情。

这三点的共通点是，神是"有威力的""令人恐惧""令人敬畏"

的超人间对象。

从神的观念性的指代出发，在日本人的眼里，神又具有哪些特点呢？

第一，神不是唯一的存在，而是多数的存在。《古事记》里记录了三百种以上的神，可谓森罗万象，无处不在。

第二，神没有具体的形态。

第三，神是飘动的、彷徨的、不定的。

基于以上三个原因，日本人从感觉出发，又生出了“万物有灵”的观念。

人有灵魂，植物有精灵。这是自古以来日本人的基本思维。灵魂也好，精灵也好，他们把这些用肉眼看不见的东西都叫“Tama”。它是流动的，具有灵力的。它依附在哪个物体上，这个物体就是被崇拜和被敬畏的对象，就是被人感觉的神。

日本人这种看似带有神奇、带有幼稚的思路，被百年前的英国人类学家爱德华·伯内特·泰勒所验证。他宣称，在所有生物和自然现象里，都有流动的精灵依附其中，发挥着灵力。精灵的神秘在于看不见摸不着，因为它是超人间的存在，但也有喜怒哀乐的心情。从世界原始宗教着手，泰勒在《原始文化》中第一次验证了“万物有灵论”的存在。著名的民俗学家柳田国男把日本人这种信仰称为“精灵信仰”。他还为近代日本人因丧失这种信仰致使精神荒废而痛心。

万物有灵也好，多神也好，最后都需要用感觉来感知这些神和灵的存在。但感觉有时也会出问题。

比如，人为什么不能杀人？这对一神教来说很简单。神下过命令说，“不能杀人”。犹太教里的“摩西十诫”，有一诫就是“杀诫”。

但对多神教来说，问题就变得复杂。因为没有神下过这方面的命令，也没有一个统一的戒律。当日本小孩问家长，为什么人不能杀人时，家长只能回答：因为不能杀人，所以不能杀人。小孩如果再提问，家长只能再回答：杀人的话，要被警察抓走判刑。但是为什么不能杀人呢？还是没有回答，因为没有自己特定的宗教。日本人都说自己无宗教信仰，是因为神太多。到处都有神的存在，什么都信的结果，就是什么都不信。这方面最为典型的表现是日本人神佛混淆，把八幡大神和八幡大菩萨混为一物。八幡大神是武神。武神要打仗，要杀人。而八幡大菩萨信的是佛教，佛教的基本教义是不杀生。这是逻辑不通的地方。日本人美其名曰为“神佛习合”，成了文化中灵活性的表现。历史上，与平家作战的源氏武将就是嘴里一边高唱“南无八幡大菩萨”，一边无休无止地杀人。这难道也是灵活性的表现吗？在战国时代，杀人能出人头地。武士们腰挂三五个首级，回去领赏。而在江户时代，杀狗就要判死刑。如德川幕府的第五代将军纲吉就发布过“生物禁杀令”，为此得了个“犬公方”的诨名。

这样看来，多神教世界也有致命的情绪上的缺陷。更为重要的是，它能催生出一个民族的无节操感和无原则感。日本人就是这方面的典型。学者中山治为此写有《无节操的日本人》一书，对日本人的情绪原理作了深入分析和批判。

6

《古事记》开宗明言："天地初始，从高天原生成诸神。"

《圣经·旧约》开首第一章曰："起初，神创造了天地。"

这是多神和一神鲜明对立的最终出处。前者是从父神母神的诸关系中产生。后者是从开始到永远，始终有一位绝对者和超越者存在。

前者强调"所成神"，即自然是生成，生命是生成。混沌中出现大地，大地中出现泥土，泥土中生成有生命的芦苇萌芽。后者是依据神的个人意志，使自然出现，使生命诞生。前者是从已有之物生成，后者是从无到有的创造。

但令人叫绝的是，在旧约世界里创造万物的至高至善的神，遭到了挑战。挑战者不是人类，而是动物——一条蛇。

神把亚当和夏娃放进伊甸园，并再三关照说："树上的果实都可以吃，但智慧之果绝对不能吃。吃了肯定死。"

但是蛇跑出来，悄悄问夏娃："神说什么树的果实不能吃？"夏娃回答说："善恶之树的果实不能吃，如果吃了就会死去。"

蛇接着说："不。你是不会死的。为什么神要这样说，就是因为一旦吃了智慧果，你也会开眼，像神一样有智慧，知善恶。"

这里，聪明的蛇点破了神之所以成为神的奥秘：神禁止他人吃智慧果，就是因为他不想让人人都像他那样变成神。

想不到一条细细软软的小蛇，能向最至高无上的神叫板：你说肯定死，我说肯定不死，最终还是应了我的话。蛇尽管是狡猾和恶毒的代名词，但在这一点上，人类还真的要向它致敬。

神的面目被揭开，神的用心被揭示出来，恼羞成怒的程度可想而知。神首先对蛇诅咒道：我叫你一辈子用肚皮走路，一辈子尽吃尘土。从此出现了对立的两极：天上的神和地上的蛇。神又对偷吃禁果的亚当和夏娃下命令：你们做了不该做的事情，立即驱逐出伊甸园。

这就是脍炙人口的失乐园的故事，人类的原罪由此产生。蛇背负着引诱人类犯罪的罪名，在基督教世界中成了大恶的代表。从这点来看，人类的原罪，恰恰是在挑战神的至高无上性中产生的。

而日本的神却没有遭遇类似的挑战。新井白石说，日本的神，“上”是它的本意。本居宣长说，“超能力”是它的元素。

本意也好，元素也好，日本的神是生成之物，不在任何人之上做出支配的架势，摆出威压的尊严。所以，“三无”是日本神道的品牌：无经典、无教义、无教祖。因为“三无”，它倒能以更宽广的胸怀关照天下所有之物：天下所有之物都有灵魂，天下所有有灵魂之物都是神。人间也好，山川也好，风雨也好，草木也好，星月也好，都有神的存在。就连石头的大小，也和附于其中的神魂的变化有关。日本的国歌《君之代》，原本就是以石头的成长作为信仰背景祝君长寿的歌。日本人至今还喜欢在海边捡石头回家，供养在家里能感觉到神魂的存在。这在其他文明中是见不到的。就是凶狠吓人的野狼，日本人也称作“大神”（Okami），意为恐怖之神。

所以，八百万神之说固然是日本人夸张的说法，但不能不说，这是神来之笔、神来之说，因为它既简洁又清晰地和西方一神教对立起来。有八百万神的存在，就不可能是信仰的问题，而一定是感觉的问题。因为信仰的本质是专一而不是杂多，而感觉的本质恰恰是杂多而不是专一。日本人祈祷商业繁盛，去稻荷神社；祈祷考试合格，去天神神社；祈祷赛事胜利，去八幡神社；祈祷火箭顺利发射，去宝满神社。这种三心二意和见异思迁恰恰表明，在他们的眼里，神仅仅是一种解决眼前问题、获取利益的“实用感性”，与基督教里的神——那种至高无上的统治者和绝对支配者相比，原本就是两种路径，两种思维。

所以，日本人万事跟着感觉走，感受性天下第一。西方人万事跟着信仰走，理性天下第一。

7

日本神话中，素戋鸣尊是最高神天照大神的弟弟。他违逆自己的姐姐天照大神。触犯最高神在一神教的希腊神话里是死罪，而在日本，只从轻发落，剃掉胡须而已。最高神没有显示力量，也没有显示权威。这正是多神的特色，也是日本人从感觉走向暧昧的特色。我们可以追溯到奈良时代对神的祭祀。神的祭祀在奈良时代是如何进行的？七一八年的“养老律令”里归纳了五项要义：

祈愿每年五谷丰登，灾难平息。

感谢新谷的祭祀。

祈愿各种灾害不再发生。

天皇即位的祓除和祈愿。

人间罪恶的祓除和祈愿。

这里的关键和难以理解的是最后一条要义。当时的日本，罪分为“天罪”和“国罪”。天罪是妨害农业生产的行为。国罪是危害人类和动物的行为，如危及自己的母亲，危及自己的子女，危及动物等。值得注意的是祓除罪恶的方式较为奇特。把船放入大海里，有个叫濑织津姬的乘船将罪恶带入大海。而大海里有个叫速开都比壳的，她将罪恶完整地吞下。吞下之后，有位叫气吹户主的神，用大风将这些罪恶全部吹散。这时，有位生存于地下深渊的速女神将被吹散的罪恶全部带走，而后消失。这就是“天下之罪归零”的说法。神对个人戒律的违反并不处罚，对个人有意所犯之罪全然不问。大风所到之处，罪恶也就消失了。

《古事记》里记述了这样一个情节。伊邪那岐摆脱了妻子伊邪那美的追赶，由于去了不净不洁的地方，觉得身上充满污秽，便来到九州日向一个叫阿坡岐原的地方，用河水清洗全身。这是历史上日本人祓禊的开始。流水洗去的污秽以及被丢弃的衣物，都化作了各种神祇。最后伊邪那岐开始清洗左目，生出了天照大神。清洗右目，生出了月读命。清洗鼻子，生出了素戋鸣尊。三神同时诞生。

值得注意的是，日本有声望的天照大神，既不是因性而生的，也不是处女怀胎得来的，而是从以流水祓禊的行为中诞生的。它的象征意义在于：不净不洁像流水一样会自动流去消失，代之以焕然一新、清洁明净的形象。既然流水能带去不净不洁，那么属于罪恶的不净不洁，也能通过流水洗净。从源头上说，日本人对水的宗教感觉就是从这里养成的。

8

佛有佛像，而且佛像的表情都有共性。如大日、药师、阿弥陀，都具有平和温柔的特点。但神没有神像。后来日本人学着佛的样子开始制作神像。但即便制作出来，其表情也没有佛像来得丰富。如从现存最古的代表性神像来看，一处是京都松尾神社的神像，一处是熊野速玉神社的神像，其表情都非常严肃，非常苦相，有种冷冷的威严。

这些神像的表情，令人想起中世能乐的“尉面”。尉面的额头、眉根和颜面都布满皱纹，特别是吊起的双眼，更有恐怖之感。如果说佛的表情是宽厚温容，那么神的表情是严肃炽烈。

从字面看，尉面的“尉”是老人的意思。“尉”是“丈”的借字，拄着拐杖的应该是老人，与汉字中的“翁”、“叟”同义。但在中国，“尉”字原本不表示老人。这样看来，汉字注入了日式含义。

神像的表情如尉面，表明理想的老人的模样应与神一致。为什么是老人呢？一个理由是老人是生者与死者的中间状态。人死后成神，是日本人古已有之的思想。准确地说，死者先成祖灵，历经年月后当神来祭祀。神像要表现人的表情，在心理上与死者距离最近的就是老人了。从这点来看，日本最古老的神像与中世能乐的尉面酷似，并不是偶然。

能乐中还有一种叫“翁面”的假面。所谓翁面也表现老人，但表现的是温柔和蔼的老人。白眉白发，颜面上当然也有皱纹，但三角形的双眼给人一种不易察觉的微笑感。这表明翁的表情并不演绎死，而专注生的欢乐。如果说与死更贴近的尉面在舞台上经常表现亡灵、鬼神、祖灵等角色，那么能乐里翁面登场的曲目，一半都在祈祷长寿，家族繁荣，子孙繁昌。前者是接近神的世界的假面，后者是接近人的世界的假面。虽然同属老人型，但表现的是对立的两个世界。如果说尉的假面与神像的表情相连，那么翁的假面与佛像的表情相近。而佛像表征人的青年期和中年期，因此翁也带上了理想化的一面。

9

日本人问：我们还能成神吗？

民俗家柳田国男曾经说过，只有带着“遗念余执”死去的人，才能经由“怨神”的阶段成神。但是近世以来，怨神系的人神在减少，而显彰神系[1]的人神在增加。如是这样考虑的话，我们死后即便不能成为怨神，还具有潜在的成神资格。问题在于我们死后不能将自己变成神，必须有后人来做这件事。这是小松和彦教授在《成神的人们》一书中所作的思考。

战后的日本，随着近代天皇集权制国家的解体，支撑这个国家的国家神道[2]也随之解体。近代的显彰型人神的创立基本宣告结束，但是将人以神来祭祀的传统和做法并没有彻底消失。这种思想和行为还超越时空被后来的人深深记忆着。其中，神社和纪念馆就是这种记忆的绝好装置。

青森县三泽市有涩泽神社。这是为了纪念资本主义之父涩泽荣一和他的孙子涩泽敬三，由民间人士杉本行雄在一九九五年创建的，用神社的形式表明荣一和敬三在人们的心中依旧鲜活。追忆的过程，显然也是对其魂灵祭祀的过程。祭祀者在观念上自觉地将被祭祀者视为神。毫无疑问，涩泽荣一和涩泽敬三也成了这座神社的观念之神。涩泽神社一反常态不建鸟居，作为替代品，神殿前矗立着两人的高大铜像。而在外宫的神殿里悬挂着二人的遗像，以此替代神体。更有意思的是这家神社没有神职人员，这显露出神社与纪念馆一体化的倾向。这一体化的关键在于：纪念与记忆的装置如何功能化？观念中的现代之神如何被祭祀？于是日本人生出了用纪念馆替代神社的想法。为此我们看到了祭祀西乡隆盛的南洲

①与怨神系相对，指善良的神。

②战前发挥着日本人精神支柱的作用，是神道教的特殊发展阶段。

神社不远处，在战后建造了南洲纪念馆；在涩泽神社的边上，也建造了涩泽文化会馆。

日本人从万物有灵论出发，认定所谓的魂灵就是记忆，或者记忆的本质就是魂灵，将记忆在观念上与事实上尽可能地延续，从逻辑上说，一个人的魂灵也得以存续。这延续的过程表明人也自然而然地继承了与众神同样的命运，生死循环，轮回不息。神社与纪念馆就是这样与人的观念接轨，它们之间具有无法割裂的连续性。

在《幽灵公主》中，猪神被幻姬的火枪所伤，怨气和怒气日积月累，变身为凶煞神，到处伤害村里人。阿席达卡为了保护村民，便杀死了凶煞神。凶煞神临死时立下诅咒，让阿席达卡被魔咒所困，有生命危险。人们为了使村子安宁，迫不得已厚葬并祭祀凶煞神。这就是净化死者的恨意与造神的装置。日本人在处理和消解一些棘手的问题时，非常善于利用这个装置。

一神教的犹太教、基督教的想法是，每个文明体系的时间概念都一样。但多神教文明却发现，每个文明各有自己的时钟。

天皇传说是神的子孙，但在日本历史上，成为佛家弟子的天皇也非常多。从奈良时代到平安时代，天皇中有法名的达十七人。退位后出家成为法皇的天皇共有三十五人。

天皇皈依佛法，好听的说法是一种神佛习合。但从本质上看，神与佛在日本只是一枚硬币的两面，就看你如何往上抛。不管落下的结果如何，都成了镇魂——平息怨灵的文化装置，最大功用就是将恐惧的怨灵（恶神恶鬼）转化为御灵（善神善鬼）。

所以，万物有灵、多神并存的宗教世界才是日本人无常观的母体。权倾朝野的丰臣秀吉在最后时刻也不得不叹息：自己就是晨雾的露珠，消失在顷刻之间。这和给人“永远之命”的唯一绝对的神，从源头上开始就属于不同的路径。

翳

“翳，华盖也。从羽殹声。”

拉上厚重的窗帘，将电灯熄灭，那是漆黑。

阴翳不是漆黑，

是黑暗中的层次和光感。

1

无影则无物。

影是物的造化，物是影的替身。说物影在晃动，实际上是说观念在物影中晃动。近代哲学唯心论的教祖贝克莱“存在就是被感知”的命题，说的就是这个道理。

无翳则无美。

美是翳的结果，翳是美的原因。说美存在于阴翳中，实际指向的是人的癫痫狂想症发作的瞬间。唯美大师谷崎润一郎在如厕时猥杂的冥想，现在看来正是癫痫狂想发作。当然这并不影响他得出好的思想、好的美学，更不影响他在如厕时冥想蝉鸣、水流、风动。因为尼采也是在发疯的那一刻最具哲学性。

旧时的月色与新时的月色，旧时的太阳与新时的太阳，旧时的雨露与新时的雨露，究竟有什么不同？伊势神宫的昏暗与明治神宫的明亮究竟有何异样？没有人知道。就像没有人知道金和银，在它们即将消逝的一刻为什么会发出最后的暗光一样。虽然谷崎润一郎也不知其物理真相，但他还是凭着东方人的感觉，凭着对女人触肌的感觉，意识到这里或许有认知的新天地。为此他提出了问题，虽然最终都悬而未决。他一边怀抱最爱的松子夫人，一边冥想西洋女人的白肌。这时夕阳应该是西沉了，晚霞上演着最后的疯狂，暮霭开始无声地吞噬周边的一切。松子夫人的肤色在暮霭下变得浑然、幽暗，抚摸上去如同将羊羹放入嘴里，虽甜甜软软，却无从考察色彩。原来松子夫人的古典之美，来自于夕阳西沉时一瞬间的幽暗，这是我们始料不及的。

2

是柏拉图把我们害苦了。

他著名的"洞穴隐喻"，使我们对一切的影子都没了好心情，有时甚至还产生加以驱逐和排斥的冲动。因为在柏拉图的隐喻中，只有太阳是真理，洞穴和影子都是最黑和最假的。多少世纪以来，洞穴里囚徒的影子，真的像影子一样无时无刻不缠绕着我们的思想，使我们总以为冲破云层才是阳光的骄傲，黑暗中点亮彩灯才是人类的骄傲。于是点灯赶走黑暗，烧纸驱逐鬼火，总以为这就是人类生活的正能量。殊不知尼采早就告诉我们，影子与漂泊者和浪人为伍。它是浪人的影子，同时也令浪人成为它的影子。

这与谷崎润一郎的说法有些相似：茶人在听到水沸声时，就联想到山上的松风。"水沸声"与"松风"互为影子、互为效果。茶人在“双互”中冥想心中的“我”与外部的“他”如何接轨。武士能瞬间拔刀，艺伎能瞬间悦人，在本质上是趋同的，都在诉说这个“影子”是如何互为因果。

都说日本茶道的本真是“寂”字，但不如说是“翳”字。因为只有这个“翳”字，才使日本人又惊喜又恐惧。“翳”字日语发音为“kage”。你拍胸片，医生指着片子对你说，左胸上方有“kage”(阴影)，你说恐惧不恐惧？

3

将电灯熄灭，拉上厚重的窗帘，那是漆黑一团。阴翳不是漆黑一团，是暗黑中的层次，是黑暗中的光感。因为即便群魔乱舞也不需要漆黑一团。如是这样，那黑暗中女人脸上的光泽如何捕捉？黑暗中女人的肌肤如何感触？黑暗中男人的野性又如何驾驭？总之在漆黑一团中，人不可能完成精神诉求，哪怕是最低级的精神诉求。

将电灯熄灭，再将火烛点上。一条纤细的火焰蹿起跳跃，屋内的万物顿然随着火烛的晃动而晃动，长长的人影也在黑暗中随着火烛的节奏而摇曳。照谷崎的说法，这就是阴翳。

这种阴翳如同神秘的帷幕，将门户不出的女人的肉体严严实实地包裹其中。这位说过“美比善多余，与恶一致”的唯美大师，在一九一〇年发表小说《刺青》，描写文身师清吉“得到了艳丽美女的肌肤,刺入了自己灵魂"的故事。好色进入了灵魂,成就了唯美。二十年后,谷崎又在《妇人公论》上发表连载长文《恋爱及色情》。他用东洋阴翳观照女人,说女人总是与夜晚相连。可是现代人在夜晚用超过太阳光的炫目亮度,将女人的裸体一览无遗。这是现代人的愚。女人是昏暗自然界诞生出来的凄艳姣丽的鬼魅之一。这"鬼魅"最好是在夜间工作。所以日本有"夜の仕事"(夜晚的工作)的说法,指女孩在小酒馆陪客,用温柔的一回头将夜情绪化。

所以,在同样写于一九三三年的《春琴抄》里(谷崎的《阴翳礼赞》也是写于一九三三年),双眼失明的春琴看来像是闭着眼睛,不像失明。她静静端坐低头,或如闭目沉思的样子,不就是菩萨之眼?视众生的慈眼是半闭之眼。半闭比张开更具慈悲,更难得,从而令人生出敬畏之心。

4

厚重的木门,每次关门都有沉重的"嘎吱"声,也许是这扇木门锁住的春色留下了秋哀。早晨拉起百叶窗,小而精细的窗棂割出晨曦潮湿的绿。小小的卧室隐藏了一晚的幽暗终于变得鼓噪,变得贪婪。原来光亮并不总是扮演恶魔,它在劈开混沌、复苏万物的时候,又客串扮演着天使。怪不得歌德在临死前一个劲地叫:光、光,快给我光。

如果说冬天的午后透进窗内的一束阳光使人暖洋洋的话,那么夏天被绿茵包围的一片幽暗则使人清凉。人的任性在于既要停驻温暖也要留步清凉。但在木艺家三谷龙二看来，虽然很喜欢充满阳光的地方，但与此同时，“光线受限制，暗影深邃的房间更令我喜欢”。照三谷的说法，室内的幽暗能消解人内心的阴霾。在慢慢看清自己内心轮廓的同时，“意识也就慢慢沉入思维的底层”。

暗影深邃也与思维的深度有关？但我们记得苏格拉底是在广场上滔滔不绝，是在阳光下蛊惑人心的，难道他的思考不深刻？无疑，这是光与影留下的一个谜。但作为常识，我们也知道，佛堂幽长的深处，黄金打造的佛像一脸的庄严，一脸的思考，在暗处散发着阴翳之美。所以有人说佛陀总是一脸的幸福相，是因为他把阴翳当成了幸福。

5

透明的东西是什么？

电灯、电炉、瓷砖、玻璃、暴露的阳台，当然还有更要命的洁白的冲水便器。冰冷而坚硬，首先不免让你打个寒战，然后使你陷入无可名状之中，因为不知道自己想要干什么。虽说是简单的排泄行为，但看不见自己的排泄物，就无法进行自我确认了。

在这方面，谷崎就非常有心得了。

他曾经在二楼蹲下如厕。古旧的和式厕所使他从两腿间向下窥视时，看到了让人目眩头晕的河滩上的泥土、如茵的野草、菜地里盛开的油菜花、纷飞的蝴蝶、往来的行人——他说，在这样的环境里如厕，一切都是那般美好。于是他认定厕所“必定要设在绿树浓荫和苔色青青的隐蔽地方，有走廊相通。人们蹲在昏暗中，在拉窗的微弱亮光映照下，沉醉于无边的冥想，或者欣赏窗外庭院的景致”。真可谓妙不可言的“如厕论”。

虽然从趋势看，白瓷亮丽光洁，抽水马桶令人爽心悦目，如厕的西洋化是谁都难以撼动的，但是谷崎对日式如厕的执念和幻想倒是被现代日本人给继承了下来。谷崎曾设想在小便池里铺满青绿的杉叶，使之不再有哗哗的声响，而现代人则在厕所里播放“音姬”，以此来遮掩尴尬的如厕声。原来日本人在这块“圣地”专注打造如厕的细节，源头可以追溯至谷崎那里。这位在和式和洋式之间烦恼的文化人，一边爱用白色的冲水便器，一边无法抑制对往昔如厕的乡愁；一边赞美西洋女子的白色肌肤，一边以松子夫人为最爱。对西洋的憧憬和对日本的乡愁，始终困扰着谷崎，但恰恰受这种感性直觉的困扰，还原成了日本人观念中的精细主义。

6

夜明珠需要在暗处发光，宝石则惧怕阳光给它添乱。这就是物与物之间的明暗与暗明。

阳光射入庭院，庭院反射的光投向纸门，纸门的微光又悄悄地洒落室内，沁入触感毛糙的墙壁间，墙壁又泛出微弱的余光。这余光看上去比什么装饰都美。

一不小心串联而成的逻辑是这样的：

阳光——庭院——纸门——室内——墙壁——余光——大美。

自然是不讲程序的，大美也是不讲逻辑的。但程序和逻辑可以先验地设定人的观念。

现在想来很有趣，西方人为了谋求更好的生存状态，将蜡烛变成了油灯，将油灯变成了瓦斯灯，再将瓦斯灯变成了电灯。不停地追求光亮，不停地把幽暗尽可能地从周边驱逐出去。结果正如黑格尔所说，欧洲艺术的本质是明亮和欢快。如希腊的裸体雕像，如小得不能再小的屋檐或遮阳板，如广场前那终日沐浴着阳光的喷水池，如对亮光闪闪的宝石的喜爱，如洁白到近乎透明的瓷器，如银色的餐具，如钢制和镀镍的器具，这些都是明亮之美的表现。川端康成也说过，在阳光灿烂的夏威夷，使用“隐约”这个日本词也许不尽相称。

而东方人容易满足生存现状，有烛火就不错，何必摘太阳。奇怪的是，人的惰性也渐渐地适应了，感到幽暗并没有不好。沉浸在幽暗中，还能发现其中的美。这不能不说是东方人的一个发明。昏黄的烛火，氤氲的林间，薄暗的木屋，纸质的窗帘，墨绿的苔藓，朦胧的庭园。是日本人把我们带进了远古时代的草庵，带到了温暖而复古的壁炉前。暮色中艺伎那温暖的一低头，夜色里酒吧女郎那迷人的微笑。天皇即位的大赏祭在夜间举行，“神婚”必须在幽暗中进行，能剧在昏暗的光线中上演。浓密的森林包围神社，人们在昏暗的树林中行走时，一种阴森的感觉扑面而来。毫无疑问，在日本，凡属被称为美的东西，都笼罩着神秘的阴翳的影子。

你说神秘吗？其实也没有太大的神秘，因为这是器物的物性所决定的。问题是没有人注意这物与物之间的简单互动与传神，却被谷崎发现了。不光发现了，他还揭破它：你看，上帝原本说我给你光，你就光芒四射，现在必须修正为，上帝说我给你阴翳，你就必须拉上窗帘。原本是属于上帝的绝对原理，谷崎将之转换成了一般美学原理。于是有了这样的话题：凉拌的青菜与白萝卜，为什么放置于漆黑器皿里更美？反复使用的木器，为什么会生出一股宁静的力量？谷崎进行了理性的分析，先人在阴翳中发现了美，并最终将阴翳引向美的极致。

所以日本人非常在意器皿经长年使用，呈现出的非常美妙的色泽，这色泽告诉你什么叫悠久、什么叫积淀、什么叫时光。器皿在成就人生的一部分的同时，也具有了人的深度。这个深度告诉使用者，生活不尽然都是繁杂琐碎，不尽然都是无聊无趣，有时也能沉淀出历久弥新、令人眼睛一亮的新天地。

7

无论是尚未摆脱早春的寒气，还是刚刚进入五月黄梅的烦躁；无论是满树的樱花，还是满山的红叶，到处是模糊的物影和物影的模糊。黑夜与白昼，阳光与月影，色相与虚无，现实与梦幻，分不清是雾气的朦胧还是朦胧的雾气。日本这片土地的风景，就其本质而言是神经质的、纤丽的、多雨的。反映在日本人的精神深处，就是常常具有欢乐与寂灭两种决然相反的境界。万叶诗人大伴家持《春愁三绝》中的一首便说：春的原野，霞雾霭黛，令人感伤。在夕影中，黄莺啼鸣。春、野、霞、影、莺，顿添悲愁。

这里的“霞雾霭黛”怎么看都与阴翳相连。而与阴翳相连的东西是感伤的，又是悲愁的。无怪乎历史上的天皇最终都要与古寺青灯相伴，以示对红尘世界的万念俱灰。《平家物语》最后的“灌顶卷”，写后白河法皇去京都寂光院看望安德天皇的母亲建礼门院德子，读来令人悲凉拭泪。

春花已随风飘散，秋月被密云掩遮，一切的琼楼金殿，一切的绫罗锦绣，都如失巢之鸟，离渊之鱼，一去不归。这位天皇之母抛弃尘世，遁入空门，在茅屋苔深的庵室里度日寄思。法皇面对这位黑衣女尼，不无伤感地说：人世无常本是自然，不足为奇。但见你如此情形，实在不胜可怜。况天界之人亦有无衰之悲，人世更是难免。

这位天皇之母答道：人世间的爱别离苦、怨憎情仇，都让我尝尽了，四苦八苦，皆集于一身。说罢，泪沾衣袖。此时传来寂光院的钟声。沉沉的、重重的钟声。夕阳已经西下。虽然难分难舍，法皇也只能忍泪起驾回宫。女尼这时愈加泪如泉涌，目送法皇远去。此刻忽闻杜鹃哀啼，于是作歌道：“杜鹃声里应含泪，浮生坎坷泪不干。”

一个是法皇，一个是天皇之母。双双凄惨，双双哀叹。曾经有过的荣华，曾经有过的春梦，如今就像祇园精舍的钟声，述说着人世间的无常。仿佛到了一个神秘的国度，灯火明暗，周围万籁俱寂。生亦尽欢，死亦欣然。幻灭之际，更显现出绚烂而又哀婉的美丽。这是否就是日本人意识深层阴翳冷寂的美？

8

日本人将梅雨期定调为沉闷至极的黑色，说即便是在白昼，它的背后也横卧着黑夜。即便是在夜晚，它的背后也燃烧着磷火。因此有的时候，阴翳又是一种不可剥夺的强大。

井原西鹤在《好色五人女》中张扬的主调是“人如同落日，谁也不能不沉入地底”。其中一段写道：有一件黑乌羽的双层长袖和服，上有梧桐树与银杏树的比翼纹，红绸里子，波浪形的镶边，熏过的香味犹存。阿七被打动，随即想道：是哪位年轻早逝的小姐穿的呢？一定是她的家人睹物思人而倍感伤怀，所以才送至这寺庙里的吧。她由此联想到自己和物主的年龄相仿，便哀其早逝，顿感人世无常。她年方十六，“把她比作花，那便是盛开于上野的花，比作月亮，那也是投影于隅田川的月亮”，却早早悟到了人生如梦。于是她打开母亲的念珠袋，把念珠捧在手上，专心念佛。时近黄昏，屋内昏暗。此时一位少年出现在了她的眼前。

文学评论家阿部次郎在《井原西鹤与好色文化》中对此评论道：

在华丽的叙事背后，贯穿了寂的柔婉风格，恋爱仿佛是梧桐和银杏树上的叶子，是为了被秋风吹落而准备的。自西鹤那里，无常驱动着人们去享乐，像朝露夕霭般始终笼罩在恋爱之上。一寸之前是黑暗，性命就在露水间。

这从日本传统美学上说，指向的都是梦魇，都是虚幻的“物哀”，但实际上在骨子里、在精髓里还是有个更强大的阴翳，有个始终无法散去、无法蒸发，更无法变质的阴翳。十七岁的阿七最终因放火而被处以火刑。西鹤不无悲痛地说，这人世上极其短暂的生命，就在晚钟声中，如花似玉之身化作了一缕轻烟。

当然还有大岛渚在一九七六年导演的《感官世界》，当阿部定割下吉藏的性器，放在怀里满街跑的时候，世人都说是变态杀死了吉藏，但更可以说是阴翳杀死了阿部定。这个女人一刻不停地将男人的性器捏在手中，在昏暗的室内，经柔和的侧顶光的照射，竟也熠熠生辉。肉欲的欢畅演绎着颓废的唯美。最有趣的是，那位扮演阿部定的演员松田英子曾经说过“我不想结婚”,“我喜欢小孩，真怪”。你看，连逻辑都经不住阴翳的一击，可见阴翳是如何深入日本人的骨髓。

9

阴翳还能令我们想起什么呢？

向阳给了我们肉体上的松软，阴湿给了我们思想上的精致。这精致有时就表现在一朵杜鹃花插于铁烛台上，可将它比作烛火。在插花大师川濑敏郎的眼里，要想表现那种一点火焰就有黯然摇曳的感觉，一朵花就足够了。“在秋天的长夜，一边想着火的温暖，一边眺望着灯具上的花，那样的夜晚真好。”

日本人将干柿做得通体洁白，如蒙霜冻，即便如此，干柿的质地所表现出的天气越发寒冷的阴翳，也使干柿赢得了圣洁与深沉的美誉。据《一日一果》记载，曾经供奉给明治天皇御前白柿。黑漆四方盘上，放置三粒如雪的白柿。此时的感觉是白压不过黑，黑胜不了白，但倒有了入口轻盈的感觉。冬霜降在黑糖馅上是种什么感觉？是“初霜”还是“置霜”？但肯定属于冬日佳味。日本有个词叫“濡燕色”，指的是闪烁着紫色光泽的浓黑，古来被视为通晓幽微的风流之色。

日本的好多料理店也深藏在幽暗深邃之中。如果从京都的圆山垂樱来到瓢箪池，在一片幽绿中向东慢行，不经意间一抬头，“末在”就在眼前，不仅有充满诗意的店名，更有素雅而深幽的怀石料理。再一打听，原来是带星级的米其林店。

阳光下的富士山是美丽的，雪后远眺的富士山是美丽的。但一旦它在你的脚下，你就会发现它是黑色的，炭一般的黑。那是一堆可怕的熄灭后的火山灰烬与熔岩的残渣，总之是个赤裸裸的巨大的黑色实体。连日本在他的眼里处处皆可爱的小泉八云，当年也不得不写下这样的文字：“黑底上成块的白雪耀眼得微微闪光，叫人讨厌。”这讨厌的程度使他联想到一个女人的头骨和闪光的牙齿，但头骨的其他部分已经烧成了一团松脆易碎的黑炭。

在国木田独步的笔下，夕阳西下的武藏野令人想起这样的名句：暮霭笼罩着群山，黄昏的原野里，秋草暗淡。德富芦花写相模滩落日，说世界没了太阳，光明消逝，海山苍茫，万物忧戚，人的肉体也就消融在这广袤的阴翳中，只留下“灵魂端然伫立于永恒的海滨之上”。

除了嫩芽之外，叶的颜色裹着一层深绿，碧森森的。行与行之间印着一道黑沉沉的阴影。这是画家东山魁夷的得意之笔。

早春二月尚未摆脱的寒气，意想不到地掠过肩头和手臂。这是村上春树的惯性思维。

还有那无限可能的皱，吹皱一池春水的皱，柳叶随歌皱的迟迟无奈的皱和时间里到处都是皱的皱。这是三宅一生的阴翳服饰美学。

寒冷过早到来的地方，对能在户外用餐的时间感到弥足珍贵。这是木艺家三谷龙二的知足：我们总是惋惜即将远去的夏天。

不知何时，暮色已经浸满了庭院，藤花在黑暗的海里浮动，好似白色的船帆。这时，幽暗的藤架深处仿佛传来一种音响，似琴声，似笛韵。这是濑户内晴美的嵯峨野——日本人灵魂的故乡。

长着厚厚青苔的层层石梯，通往诡异上古神社的幽暗参道，夜祭的灯火幽明摇曳，出殡前列的纸灯微光，远方黑压压海岸的渔家灯火，以及只见一缕青烟升起的荒芜小墓。虽有青草，虽有紫阳花，但还是孤独，还是凄凉，还是昏暗无天日。

10

所以从这个意义上来看，不是说日本人不知道明亮的精神心相，不是说故意抗衡以亮丽和坚硬为特征的现代文明。一个到处洒满阳光的世界，一个到处是铁和钢横行的坚硬而冰冷的世界，对于从远古幽暗的草庵中走出来的现代人来说，是不是过于轻快浮华？是不是过于金碧辉煌？如果答案是肯定的，那么其人性的救赎之地在哪里？其灵魂的安身之处又在哪里？这是不是就是日本人努力寻求的阴翳之美的原点？

与其透光，更以不透光为好。与其铁制，更以木质为好。与其点灯，更以烛火为好。与其平滑，更以粗糙为好。与其完整，更以缺损为好。与其满开，更以落樱为好。插花的话，以一枝为好。如此等等，是幽暗的、朦胧的、神秘的、纤细的，甚至是神经质的。其中是不是隐含了对西方文明的一种嫌厌和对东方文明的一丝苦苦支撑？

罗斯在《拿破仑一世传》里说拿破仑是月亮。它朝着太空的那一面整个是坚冰一块，而朝着光芒夺目、炎威逼人的太阳的那一面，却是花岗岩浆熊熊翻滚。当然日本人没有这样灼灼逼人。他们的思考路径是——雨季里的黄昏，满山绿色的草木在风中摇动，沿着山脉起伏，将低处的天空都染成了阴霾，仿佛漫山遍野都是雨意。

或者，他们用“夏凉冬暖”这四个字，组合成茶道的精髓，将自己装扮成精神上的拿破仑。这四个字是茶道大师千利休“茶道七法”中的二法。夏凉和冬暖何以成了一种喝茶的精神？西方人恐怕难以明白。

《诗经》里说“蒹葭苍苍，白露为霜”。但日本的和歌说“青丹奈良樱满地，花盛春薰万物兴”。如果说芳草野花一样春，那么枯山枯水一样冬。禅语中有“风霜新香隐逸花”，从这里思考日本的酱汤，它的不透亮不清纯，委实是对透亮和清纯的再思考。

11

我们一旦见到闪闪发光的东西就心神不安。这是谷崎润一郎说的。

那么遇上白呢？是否也心神不安？

白，在原研哉那里是一种生命的迹象，就像乳汁一样。原研哉的白是一种真实，不是一种观念。令人心神不安的是观念，不是真实。

雪片默默地飞舞着落入人们掌中，融为几滴光亮。白不会消失，也不更新自己，更不会变得透明。

原研哉说，他这一思路来自于阴翳，来自于谷崎。

纸灯笼亮起来了。暮色里的居酒屋。女孩子厚重的木屐声。

静谧。寒风。冷雪。这是完完整整的阴翳世界。

“天空乌云密布，虽是一片灰黯，而微微雨落，竟有如点缀一般，这般情景，怎不令人愁绪万端。”《和泉式部日记》里，女孩写情书给亲王，心情竟然也是阴翳的。风声冽冽，似欲吹尽木叶，诱人倍添感伤。这样看来，日本人将黑与白的世界，将明与暗的世界，将光与影的世界，甚至将情与恋的世界，全部收纳于“阴翳”这张巨网中，妄图一网打尽整个不明事理的世界。

伊势神宫二十年一度的迁宫仪式，必须在晚上八点举行。不免让人生出疑问：神宫祭祀的对象是天照大神，天照大神是太阳神，太阳神迁宫照理说应该在阳光下进行才是，但为什么要在黑暗中，要在万籁俱寂中进行？谁又能解其意？

所以，如果要问阴翳为什么是美的，这样的回答或许不坏：

又有谁不愿在这薄明幽微之中彷徨到天明呢？

葬

“葬，藏也。从死在茻中；一其中，所以荐之。

《易》曰：‘古之葬者，厚衣之以薪。’”

供花。点香。合掌。鞠躬。蝉声渐远。

如注的大雨打在墓碑上，浸入刻着逝者名字的凹痕里，

进而满溢，往外流去。

无差别地记住一个人，无差别地哀悼一个人，

其精神的源头是宗教，还是哲学？

1

供花。点香。合掌。鞠躬。蝉声渐远。

如注的大雨打在墓碑上，刻着逝者名字的凹痕里聚积了水滴，终于满溢，往外流出。

“不论你是谁，我都会记住曾经来到这个世上的你。”

无差别的记住，无差别的哀悼。这是宗教吗？是哲学吗？是诗歌吗？

都不是。这是日本小说家天童荒太的作品《哀悼人》中的主角坂筑静人。他踏上了哀悼一切他能找到的逝者的流浪之旅。二〇〇九年出版后，被誉为迄今为止最悲天悯人的直木奖获奖作品。二〇一五年又搬上银幕，更将这一哀悼升华成一种执念。在逝者逝去的地方跪下并不断追忆：这个人曾爱过谁？又为谁所爱？曾因做过什么而得到感激？明明这个人的死与自己无关，但“我希望把死去的人作为独一无二的存在来铭记”。这是哀悼的最新定义。

一只鹎鸟从树上坠落死亡。目睹这一场景的静人只有五岁，幼小的心灵生出“鸟儿”为什么不能再飞的疑问。八岁的时候爷爷死去，长大成人后又遇上当医生的好友过劳死，之后是接连不断地遇到不同人的死亡：死于火灾、死于车祸、病死、死于凶杀，都是毫无征兆的突然死亡。面对这样的死，生者除了哀悼，还能做什么？那就做个专职哀悼人吧，将死者的怨恨、将生者的伤悲收纳于哀悼之中。

月光下，哀悼人坂筑静人在胸前双手交叠。“月亮似乎藏进了云里，他的身影不见了。仅有哀悼的声音在周遭响着。或许是风把云吹走了，闭着双眼的静人的侧脸从黑暗深处微微泛青地浮现出来。大约是刺龙芽的花吧，宛如轻雪般的花瓣翩然飘落，飘过他的面前，悄然落在去世的少年心爱的椅子的扶手上。”

小说的文字带着虚脱和悲凉，相当日式。

2

葬仪不是宗教，是习俗。但日本的情况是宗教中混杂着习俗，习俗中又见宗教。

比如说忌与丧，日本人分得出它们的不同。

《延喜式》曾明确规定，死后带来的污秽有四十九天，也叫“七七”，当然也是法事的主要时期。这个时期，带有死的不净的人尽可能地避免与他人接触。这期间叫“忌”。日本的商店现在还卖写有“忌中”的纸牌，贴在门上表示暂时减少参与社会活动。在日本，

“忌”的节制带有社会的强制性，时间上是四十九天。“丧”虽然也是为了故人而节制自己的行为，但属于自发性的。所以即便无所节制，也不会遭到社会的非难。丧期也没有限定，半年一年都可以。因为是自发性的，在丧中收到他人的祝礼必须还礼。这与忌不同，“忌中”是不用还礼的。日本常见贺年卡上写“喪中につき年賀の儀は欠礼いたします”（服丧期间，恕不寄贺年卡片）。其实这是不正确的，因为丧是自发的行为。这句话就显得很奇怪，有故意疏远亲朋好友之嫌。正确的应该是“忌中につき年賀の儀は失礼いたします”，要把“丧中”改成“忌中”。而且在时间上限定四十九日，四十九日以后就可以互通新年祝贺。

还有守夜，日本人说“通夜”。守夜是用来干什么的？很多人可能回答，是用来在生者与死者之间作最后的温存。其实并非如此。人一死就守夜，看上去是佛教仪式的要求，但其实与佛教没有关系。正确地说，所谓守夜是对死的再判定。因为过去医学不发达，确认死亡是一件非常困难的事。即使在今天，医生判断死亡虽然不会有问题，但也不是百分之百的，所以尽可能让更多的人来确认眼前的逝者是否真的已经死亡，这便是守夜行为的出处。在日本，病人即便是在医院病故的，遗体也必须在当天搬运到家，就是为了守夜的需要。当然奇迹是不会发生的，但在观念上只要不是百分之百，理论上就有可能性。日本人坚信有这个微小的可能。问题在于这毕竟是尸体，带来的总是晦气和阴气。为了增加阳气，驱除晦气，日本人并不忌讳在守夜期间喝酒与喧闹，这体现了葬的灵活性。

这种对死再确认的守夜，在古代日本又叫“呼魂”。最早的记载是《日本书纪》卷十一《仁德天皇》，面对自杀的弟弟，天皇边哭边向遗体大叫三声“我的皇弟”。据说已死的弟弟还真的被天皇短暂地叫醒了。但有学者说这不是典型的呼魂，只是感情的自然流露罢了。到了平安时代，贵族一旦临终，僧侣就开始做苏生的祈祷，并判断有无回复的征兆。如果没有的话，就中止加持祈祷和念经。僧侣的退出表明对死的确认完毕。《荣华物语》第二十六卷记载，一〇二五年八月五日夜，藤原道长面对陷入临终的十九岁女儿，招阴阳师呼魂。做法是爬上屋顶，挥动临终者的衣服，并大呼其名。这是当时典型的招魂做法。日本人还相信和服的另一功用是可以将人的灵魂温暖地包裹起来。如果挥动临终者的和服，也能起到复生的作用。虽然呼魂在昭和初期基本消失，但一些有特点的习俗保留下来，如在兵库县神崎郡，近亲在临终者的嘴边沾上“末期水”，湿润喉咙，表示绝命。然后在死者耳边摇铃，看是否有生理反应。有意味的是，作为临终的最后对应，日本佛教的仪式是念唱净土宗的“南无阿弥陀佛”。宗教哲学家梅原猛说，天台宗的净土思想十分看重这临终的最后“一念”。

因为正是这人生最后的“一念”，将人生前的罪恶一笔勾销。

3

许多年前，男高音歌手秋川雅史在 NHK 红白歌会上演唱《化作千风》，在日本引发热潮。以一百一十一万张的销量获得年度单曲冠军。这首带有美声唱法的歌曲本意是想慰藉在大地震中死去的魂灵，但那浑厚的旋律意外地起到了传递生者与死者之间奇妙关系的作用。歌中唱道：

> 不要在我墓前哭泣，因为我不在那里长眠，我已化作千缕风，吹拂在茫茫空中。

在迎新年的盛大歌会上，唱墓前、长眠、哭泣吉利吗？这是我们的思路，但日本人不这样想。确实不吉利，确实晦气，但又如何？死者与生者同迎新年，表明死者仍以某种方式与生者发生着关联。因为这里的“我”还化作秋天的阳光、冬天的雪花、清晨的小鸟、夜空中的一颗星。也就是说，这里的“我”无处不在，但就是不在墓地里。这与雅斯贝尔斯[①]把死定位成“人的极限状态”不一样，也与海德格尔[②]的“向死而生”不一样。

就在唱响《化作千风》几年后，日本诞生了“零葬”宣言书。二〇一四年，宗教学者岛田裕巳写了《零葬——淡淡泊泊的死》，宣告后葬仪时代的到来。作者宣称，日本已经进入每年死亡人数为一百六十万人的新时代，战后出生的所谓“团块世代”从整体上迈

①德国存在主义哲学家、神学家、精神病学家，他强调每个人存在的独特性和自由性。代表作有《存在哲学》。

②德国哲学家，20世纪存在主义哲学的创始人和主要代表之一。代表作有《存在与时间》《荷尔德林诗的阐释》等。

入暮年。自己怎么死，怎么葬，为此而烦恼不安的人在增加。在现代日本，从守夜到火葬的基本行情是二百三十万日元。如果买墓地的话，总费用则在五百万日元左右。如东京都营的青山灵园一平方是二百七十万日元。东京郊外的多磨灵园一平方是八十七万日元。最近亚马逊网站还推出租借僧侣的业务，两小时租借费是三万三千日元。处于底层社会的日本人更显得焦虑不已。虽然没有“死不起”的说法，推出零葬也反映出了部分日本人的心声。

不守夜、不举行告别仪式、遗体直接送火葬场，如果这叫“直葬”的话，那么遗体焚烧后不留骨灰不买墓地叫“零葬”。从直葬到零葬，最大的特点是一切归零。生来是零，死去也是零。人的生死，就在这个圆的循环中，诉说着时间不以万物创造为始，不以死亡为终。所以零葬宣言的核心是生命不死。相信生命可更新可再生，是日本人古已有之的神道思想。如伊势神宫二十年再建一次，就是为了不让神灵的力量衰落。这与西方人建立永久纪念碑的理念相反。在日本人看来，所谓永久其实是斩断了再生。据统计，在日本零葬的比例已经上升至百分之四十。

从直葬到零葬，逝者是否会感到寂寞？逝者是否会被边缘化？岛田说这是生者的想象力。生者用他的想象力将逝者捆绑在一个预先设定的逻辑图式上。而事实上，日本人的生死界线是非常模糊的，有很多殡仪馆就在居民区内。有些迎宾馆一边办葬礼一边办婚礼。截然相反的生与死的仪式在同一空间上演，诉说着生命的同一。其实每一样东西都有时日，如果你把它理解为无常，就是一种思想的彰显。扼杀与治愈、打碎与建造、撕裂与缝合，不可逃脱的都是它的时日。这样来看，何况生命体，更何况人乎。

日本宪法诞生的见证人之一白洲次郎，遗言是葬礼无用，戒名不用。而最先提倡葬礼无用论的是自由民权运动家中江兆民。他在一九〇一年患喉癌，余命一年有半。最后没有举行葬礼，遗体送去解剖。这不免令人想起天主教作家远藤周作晚年写的《深河》，他将视线投向了印度的恒河河畔。河边就是一个个天然的焚烧场，用白布包裹的遗体接连在火焰中消失，焚烧之后骨灰直接撒入恒河。恒河水默默地流淌，洗净污秽，更是祈求转世。死亡在这里并不令人惊讶，并不令人恐惧，并不血腥，甚至并不肮脏，它只不过是河水一泓，卷走又复回。远藤还在小说扉页上引用一首黑人灵歌：深河，神啊。我想渡河，到大家聚会的地方。毫无疑问，远藤周作触及了日本葬仪文化的深层：唯大的不是人伦，而是逝者的意志。

4

有一个不可回避的终极问题：当那个人注定不能参加我的葬礼时，我为什么要参加他的葬礼？

这个问题的反证其实在问：人死后为什么要举行葬礼？净土宗的核心人物亲鸾说“我死后扔鸭川喂大鱼”，但他的弟子还是为他办了隆重的葬礼。这是何故？

为了对抗岛田裕巳的零葬宣言，日本全国冠婚葬祭互助联盟会会长一条真也提出“永远葬”。他出版《永远葬——怀念的持续》一书，针对岛田的零葬回答了一个问题：人死后为什么要举行葬仪？他写道：“举行葬仪，使得有限存在的人成了无限存在的佛，获得永久之命，这叫成佛。”在他看来，葬仪其实不是“死”的仪式，而是“不死”的仪式。人为了“永远”的生而举行葬仪。“永远”才是葬仪的最大看点。从人类的文明和文化来看，其发展的根底就有对死者的怀念。七万年前，尼安德特人已经向人的遗体献花了。之后人类对死者表现出既爱戴又恐惧的心理，为治愈丧失感，诞生了宗教，创造了艺术品，发展了科学。也就是说，人类行为的根本、人类生存的基盘不是“死”，而是“葬”。

葬礼当然是为逝者之魂送行，但也为生者之魂提供能源。如果不举行葬礼，人的心灵创伤就难以愈合，而人有心灵创伤，就难以成为完人。从这一意义上说，人创造出葬礼这个形式，恰恰是一种为了防止人的消亡的潜在智慧的表现。一条真也亮出一种思路：不举行葬仪直接焚烧遗体的行为，与暴力和血腥的思想相连，是非常危险的。它甚至与“纳粹和奥姆真理教”有逻辑上的相通之处。二十年前奥姆真理教实施的地铁沙林毒气事件，留下的后遗症之一是让日本人对宗教抱有恐惧感，从而导致对葬仪需求的减少。而对葬仪需求减少，有个潜在后果就是变成轻视死者的民族，生出轻视死者的文化。

从终极意义上说，如果没有与死的关联，生还能成立吗？还有意义吗？专门研究日本佛教史的末木文美士在《他者与死者们的近代》中，认为大乘佛教的“他者”原理自然包含了生者与死者的关系。在日本，“祝”（はぶり）与“葬”（はぶり）原本为同一语源。葬等于祝、祝等于葬是古代日本人的基本思路。但不可否认，日本的佛式葬仪迎来了制度性的疲劳。现在全国有七万七千座寺院。其中无住持的寺院达两万家。停止宗教活动的寺院达两千家以上。无住持就是空寺，空寺也就是废寺。日本佛教的核心是葬仪，佛教依据葬仪作用于社会机能，在很大程度上满足了一般民众的宗教需求。但是僧侣自己对佛教葬仪没有自信，也是现实问题。

5

被司马辽太郎称为“异人”的伊丹十三，他的导演处女作《葬礼》讲的是古老的礼仪在现代社会还原的过程中发生的错位和错节的故事。在默默看着火葬场的烟囱，故人化为青烟远去的同时，活着的人则操演着千篇一律的慰问词，做着同样的机械动作，好像是看了无数遍教学录像带。念经的时候,所有人努力维持不变的坐姿。虽然一边哭泣一边献花，但又提议拍照纪念。显然，死的日常化使得人们对死亡失去了感觉。但对棺柩中死者脸部的多次特写又暗喻着一个由死衍生的话题。穿透生与死的界限，由生入死，在死亡中、在葬礼中寻思生的意义。唯有死，才远离了丑陋；唯有死，才意识到活着。

电影里有一个细节耐人寻味：守灵的夜晚，情人耐不住寂寞，逼迫男主角与之在树林里偷偷亲热——在有死亡的日子里，表明我们还活着，我们还爱着。如果说川端康成一切艺术的奥秘在于“临终之眼”，那么这个细节最大的“临终之眼”在于由死而生的欢愉，是来自于由生而死。而当亲友离去，顿返静寂，最亲之人在一起焚烧故人遗物的时候，真正的悲伤和往事伴随着缓缓的音乐声如潮水般涌来。葬礼最为简易和最为亲和的地方不就在此刻？

鲁迅曾有吃人的礼教的说法，但在日本，礼教并不吃人，只是在一个规则世界的面前有时显得发僵发呆而已。毕竟追溯远古就是一次对心灵的荡涤。这也是人们认为作为真言宗总本山的高野山上，弘法大师空海依然还活着的原因之一。至今高野山的僧侣们还一日三次给空海送饭。被问到时，僧侣们说大师还很健康，回答得像真的一样。远古不死，是因为联想到了自己死后的生命。这至少在逻辑上是可行的。

日本随处可见的“水子”石像也是逻辑对观念的一个还原。在日本，每天进行几千人次的堕胎手术。流产或堕胎的胎儿叫作“水子”，意味着“像流水一样逝去的婴孩”。日本人普遍认为，胎儿具有成为人的可能性，所以灵魂应当和死去的成人一样受到供养，使他们早日超度。从二十世纪七十年代开始，很多寺院建立了专门供养“水子”的墓地。丧主提出供奉要求后，僧侣询问住址、忌日等，然后根据丧主的意愿给水子授法名。之后丧主购置石雕像，供上祭品，由僧侣诵经，最后把水子石像安放在地藏或观音菩萨的身边。从宗教感觉上来说，至少从江户时代开始，被堕胎的婴儿的灵魂能再生的观念已经深入人心。生命被从中断绝的婴儿会再生转世，这一思考的背后是“轮回转生”的佛教观念，也可理解为万物生生流转的东方思想。这和西方人的“终末观”是完全对立的。作为一种宗教文化的反映，西方人对堕胎行为非常不宽容，但对脑死的器官移植却相当宽容。有趣的是，日本的情况恰好相反。

6

人死究竟是肉体的死还是灵魂的死？或者二者皆死？

人死就意味着百分之百的肉体死亡。这个思想的源头在法国启蒙思想家拉美特利那里。他在《人间机械论》中提出一个理论：人只不过是一架单纯的机械，带有肉体的机械，所有的魂都不存在。但人果真是由单纯的肉体组成的吗？是不是还有灵魂在其中？即便肉体死了，灵魂或许会永远存续着。或者其中一半存续，又或者百分之三十存续。信奉神道的日本人或许会说：我真的看见了灵魂，坏人的灵魂是黑的，善人的灵魂是白的。

基督教的理论是灵肉二元论。基于此，他们萌生出一个意识：肉体是灵魂得以寄生的场所。所以在基督教文化圈，反对器官移植的声音是最小的，或者说几乎没有反对之声。主人的灵魂已经不在了，肉体（器官）借给你又有什么关系？与此同时，火葬也是基督教社会忌避的一件事。他们主张土葬，愿意保持生前的肉体。这种做法的背后有复活的思想，即死者的灵魂要返回肉体，所以尽量避开毁掉肉体的火葬。这种认识与日本人完全不同。

日本人的灵魂观是灵肉一元论，最大的体现是对器官移植表现出消极的姿态。正如一位自民党议员所说“脑死亡的定义不符合国民心情”。在日本人看来，人死后，器官同样栖息着灵魂，因此首先必须呼魂。十多天后，灵魂怎么也唤不回来，才会确认为真正的死亡。这时的遗体也叫“亡骸”,即脱去魂的骸。鸭长明在《方丈记》里说，鸟边山就是丢弃亡骸的山。那里经常有野鸟飞来，叼食亡骸。日本人在出棺的时候，将故人的茶碗打碎，制作假门，脱去鞋物，用盐撒身等，是对死者灵魂敬畏的表现。灵肉一元观念在平安时代初期的《日本灵异记》里就有记载。《日本灵异记》是佛教说话集，表明当时的佛教也在思考灵肉一元的问题。

按照现代医学的定义，人死就是肉体的死。如果有人问，葬礼又具有怎样的意义？那么只能回答，葬礼是单纯用来处理肉体的。但是现在的日本人基本不同意这个看法。人有灵魂，所以葬礼不单纯是用来处理肉体的，同时也是用来处理灵魂。日本人的葬礼主要解决两个问题：一个是肉体，一个是灵魂。著名的民俗学家折口信夫对皇室举行的大赏祭的解释是“复活天皇灵”。新天皇必须在放着过世天皇遗骸的悠纪殿里睡上一夜，这样死去天皇的灵魂就会附在新天皇身上。如现在的明仁天皇就在一九九一年举行过这种形式的大赏祭，象征先皇的精神注入新皇的体内，赋予他精神力量。

在日本，与死者相关的仪典属于佛教领域，与活人相关的则归神道教。如葬仪、忌日、每年祭祀亡魂的节日，都行佛教仪式。

至于婚礼、生日庆典、七五三，都用神道教仪式。人死后要追赠法号，这种做法其实是证明故人已经成佛。日本现在还有以“佛陀”称呼故人的习惯。在日本，佛教葬仪的原点是净土宗，信仰人死后会再生，最有效的方法就是念佛，念“南无阿弥陀佛”。确立净土宗信仰并发挥作用的人是源信。他著有《往生要集》，里面有“临终行仪”的项目，表现了日本文明在本质上是对自然界的固有认知。

人怎么能面对死亡而活下去？一个原因就是葬仪使生得以延续。这一点基督教与佛教相似，强调人的劳苦不会徒然，死亡不是终点。如果问彼岸可有乳香？乌鸦说永远没有，而基督的回答是永远会有。《圣经》直言死后有生命。柏拉图从毛毛虫死后幻化成美丽的蝴蝶中受到启发，说人的身体必须死去，灵魂的生命才得以维系。而多少年后的康德，则精湛地论证了如果死亡是生命终点的话，那么道德就不具有任何意义。而道德一旦不具有任何意义，上帝的存在就是虚假的。康德虽然怀疑人类单凭理性是否能证明灵魂不灭的问题，但他对人死后是否有生命这件事还是作了认真的思考。在这个问题上，存在主义更直截了当地设问：人生如果没有意义呢？莎士比亚的台词早就说过，人生只不过是行走的影子。这也就是说，人生为什么非要有意义不可呢？

7

在谈论日本葬仪文化的时候，我们发现京都之美多少给日本人带来了文化和宗教上的灵感。如果说秋季在西方是丰收和腐朽的象征，那么在日本只代表腐朽。早在十世纪的时候，日本文学就有了哀悼秋月之悲情的诗作。《源氏物语》里的“万物如秋露，风中不长久”的诗句，更是将人与自然辉映在了一起。

韩国学者崔吉城在《哭泣的文化人类学》中感言道：韩国人的哭泣是儒教的哭泣。日本人的哭泣是佛教的哭泣。在韩国，与《红楼梦》在中国的地位相近的《春香传》，就反反复复说到“别哭啦，别哭啦，你如此伤心，我又怎能开心”。中国的情况与韩国相似。屈原披发行吟时，已是长歌当哭。杜甫诗十篇有九篇带着“涕泪”。而在日本，服丧的儿女不能将泪水滴落到父母的遗体上。芥川龙之介的小说《手绢》中的母亲，面临儿子的死亡，强忍哭泣。这位母亲在见到儿子的老师时，嘴角还泛着浅浅的微笑。老师对这位母亲的自制能力感到敬佩，却发现她的眼光转向了地板。他看到了这位母亲颤抖的双手，手中还有被揉烂的手绢。

在东京大学医学部做过多年人体解剖的学者养老孟司，写有《死之壁》一书，虽然很薄，但很畅销。他在书中阐述了一个观点：无论是癌症的生存率，还是SARS的死亡率，都及不上人本身的致死率——百分之百。也就是说，世界上只有一件事是可以拍胸脯保证能做到的：凡人都要死。为此，养老孟司批评东京某一团地[①]住宅的设计者脑子糊涂。原来有一天，这处团地的住户里有人自杀。

①指日本的福利房。

为了解剖，养老孟司带几位同事前去，将尸体搬运到学校的解剖室。死者住在十二楼。他们把遗体纳入棺中后，想通过电梯搬运下去，但是怎样都放不进电梯（电梯设计得太窄小了）。最后费了九牛二虎之力才将棺木垂直竖起，勉强搬入电梯。养老想：这幢住宅里难道不会有人死吗？于是找来设计者询问。设计者是这样回答的：申请团地的住户都是年轻夫妇。他们都是临时住户，等积蓄了些钱，会买房子搬走。

果然，设计者天真地幻想，住在这里的人是不会死的。住有几千人的团地就不死人？他们就不生病？养老孟司怎么也不相信，现代人怎么会把死的日常化这一命题给忘记？无论是零葬还是永远葬，无论需要葬仪还是不需要葬仪，都是对生命之责的一种关照。

8

夏目漱石《伦敦塔》的主人公其实就是他自己。他说他临终之际不作辞世文，死后不建墓碑，肉体成灰后选一个西风劲吹的日子，将骨灰撒向天空。为什么要特别限定西风而不选东风呢？刮西风，骨灰一定往东飞扬。而佛教说西方极乐净土，从空间位置说当然在西方。西风强劲，骨灰到不了西方极乐净土。这说明夏目漱石并不期望去西方净土往生。但漱石死后还是“被人”举行了葬礼。其中一位弟子芥川龙之介在《葬仪记》里记载，葬礼在青山葬场举行，担任主持的是漱石曾经参禅的镰仓圆觉寺的释宗演。在葬礼上，释宗演还授予漱石“文献院古道漱石居士”的戒名。遗体解剖后在落合火葬场火化。骨灰也没有撒向天空，而是埋在了杂司谷灵园的墓地。

这样看来，在死后的世界里，夏目漱石还是没有免俗，身不由己地被“圣化”了一把。但夏目漱石依然非常本质地看到了今后人的一个共同死法。他在《我是猫》里直言，从今天起到一千年以后，人必然会采取自杀。一万年以后，一谈到死，除了自杀以外再也没有别的死法了。既然死法只有一个，那么葬礼还需要吗？是零葬还是永远葬，或者是自然的风葬？

成形于镰仓初期的《今昔物语集》里，描述了一个人的死状。一位叫教信的穷俗僧死后，尸体就放置在草庵前，狗和乌鸦频繁地过来争抢死骸。妻子则在草庵中边哭泣边目睹这一切。日语称这种做法叫“风葬”。一万年后，人类搞不好又流行风葬，或许还是风葬最自然。

“秋日短，已经渐近黄昏了。抛到火钵里面的纸烟的死骸不计其数，而火钵里的火却早已熄灭了。”这便是夏目漱石为我们留下的语言。

9

不管怎么说，日本的葬仪文化对中国是有启迪作用的。孔子的葬仪观是：这个世界失序已经很久了，没有人能理解我的理想。昨晚我梦见我坐在两柱之间的祭品中，棺椁置于其中（天下无道久矣，莫能宗予。昨暮予梦坐奠两柱之间）。这是孔子选择死的自由，无人可剥夺。而庄子的葬仪观是“太阳和大地将是我的棺椁”。这是庄子选择死的自由，也无人可剥夺。古人都明白生不能选择、死可以选择的道理，我们今天则法化成“生死如一”——都不能自由选择。《吕氏春秋》说：“死而弃之沟壑，人之情不忍为，故有葬死之义。葬者，藏也。”这表明在中国文明的源头里，鲜明地流淌着葬仪文明——不能忘记死，更不能轻视死。

所以，如果问我们为什么依然悲伤，久久不愿从墓前离去，我们会想起什么？

普希金说：但愿墓门的旁边，活跃青春的生命。

戴望舒说：走六小时寂寞的长途，到你头边放一束红山茶，我等待着，长夜漫漫，你却卧听着海涛闲话。

唐诗说得更凄美：雨湿渡头草，风吹坟上花。

但都抵不过这一句：清明时节雨纷纷，路上行人欲断魂。

日本人则用禅语这样说：在生与死的边际，存在着绝对的安静与新鲜。

樱

"樱，果也。从木婴声。"

飘落的命运与惜别的含义重叠，

惜别又蕴涵在飘落的命运中。

这就是三月日本的原风景，

从北海道到冲绳，从关东到关西。

1

日本的三月是惜别的三月，是伤感的三月，当然也是樱花绚烂飞舞的三月。

近年来，告别少年，告别青涩时，日本人毕业歌选唱最多的一首就是《樱花》。二〇〇三年，一直默默无闻的街头歌手“直太郎”，发行了一张唱出同学离别之情的单曲《樱花》，因为满溢乡愁和季节感，迸发出日本人特有的宿命与无常，为此红遍全国。

樱花樱花，你在盛开、在怒放
樱花樱花，你在飞舞、在飘落
樱花樱花，你就飞舞、飞扬吧

这几段旋律最打动人心。惜别时做出的笑颜，惜别时转身的瞬间，惜别时晚霞的耀眼，都化作反复咏唱时的泪水与真情。在书店，在超市，在百货店，甚至在小小的酒吧，三月里播放最多的就是这首《樱花》：

再见了朋友

让我们在那里重逢

在那樱花飘落的路上

飘落的命运与惜别重叠，惜别的意象在飘落的命运中又依稀可辨。没有比这更伤感、更物哀的了。这是三月日本的原风景，从北海道到冲绳，从关东到关西。日本人的“花见”，在很大程度上就是这种原风景的再体验。

在早春，日本人祈愿考试合格的绘马木牌，像一串串铃铛一样把梅花挂得满满的。这个时候，考生们是在向梅祈愿，但发榜合格后却称之为“樱花盛开”。看似有些对不住梅花，但日本人说，具有“凛然”性格的梅大概不会介意。但光有这种性格又有什么用？日本人记住的还是樱花。

2

最古的歌集《万叶集》成书在七五九年。比《万叶集》早八年的汉诗集《怀风藻》是日本最古的诗集。全篇加上序文一共一百二十首，编撰者一说是淡海三船。登场的诗人共六十四人，其中十八人又是《万叶集》的歌人。在那个年代用双语写作，当属大学问家。《怀风藻》收有咏梅的汉体诗《春赏莺梅》,其中两句是:“素梅开素靥，娇莺弄娇声。”不要小看这十个字，它可是日本最古老的咏梅诗。作者为葛野王。他是天智天皇的孙子、大友皇子的第一皇子。在一百二十首汉诗中，咏唱樱花的只有一首:“叶绿园柳月，花红山樱春。”生硬、平直，但也恰好反映了当时贵族的文化状态——中国热。遣唐使从中国运回梅树，首先在九州太宰府周边种植。海那边过来的珍奇花卉，撩拨得贵族们兴趣盎然。白井光太郎早在一九三一年的《植物渡来考》中推断，梅花是从中国江南一带过来的。

《古事记》三卷完成是在七一二年，由太安万侣编撰。《日本书纪》三十卷的完成是在七二〇年,由舍人亲王等编撰。这样来看,《万叶集》的完成是佛教传来后的二百二十一年,《古事记》之后的四十七年,《日本书纪》之后的三十九年，显然处于时代与世情的激荡时期。编撰者不明，现大都倾向于大伴家持。开篇第一首是仁德天皇写的皇后之歌，最后一首是大伴家持于七五九年所作的和歌，时间跨度为四百年。从天皇到庶人，从兵士到乞食者，倒也有万民平等的倾向。万叶集顾名思义是万种植物的总称。樱花当然入选，除此之外还有萩、梅、椿、藤、松、柳、桃、葛、栗、杉等。八十二种草本类，七十五种木本类，四种竹本类，共计一百六十一种。植物诗歌中出现最多的是萩，有一百三十七首，其次为梅，有一百一十九首，樱有四十二首。

从《万叶集》开始，樱花就与少女联系在一起。如采摘的少女将樱花插满头，用樱花比拟自己的生命之美，盛开令人陶醉。再到樱花凋谢，传达令人忧愁的对死亡的预感。这里表现出的思考方式是古来的原始感觉和国风文化渐行的刺激。这种感觉和刺激导致了一种人为的意识化诞生，其政治和文化的旗手便是一群开启平安时代的贵族。

3

《日本书纪》里，有个不太引人注目的细节：天皇泛舟行乐，忽有一瓣樱花飘于杯中。天皇顿生花情，当场作诗“花妙し，佐区羅の愛で”（花香芬芳，樱花的爱）。这里“佐区罗”三个汉字，就是日语“樱花”的读音。别小看这小小的细节，它实际上为日本人日后赏樱定下了品位和基调。

作为外来植物的梅花，着实让奈良时期的贵族们风流了一阵。后人在评价《万叶集》总体精神倾向时，干脆用了“忠怨尤霹雳，诚感唯梅花”的句子。但好景不长。或许梅花傲霜斗雪的理性性格，不太适合郁郁葱葱、湿气颇重的岛国风土；梅花“犹有花枝俏”的感性气质或许也不太适合阴郁幽玄、古拙本色的岛国之民。贵族们发现身边身份不太高贵、性格不太倔强的山野樱花，或许更适合这一方风土，更适合居住在这块土地上的人。到了平安时代，樱花终于取代了梅花的王位。

在这种国风文化的变迁中，最具象征意义的是原本在天皇的御所紫宸殿（南殿）庭院里，种植着右近的橘和左近的梅。但是在仁明天皇时代(833－850),中国产的梅被日本产的樱所替代。史书《三代实录》贞观十六年（874）八月条这样记载：“二十四日庚贞。大风雨，折树毁屋。紫宸殿前樱，东宫红梅，侍从局大梨等名贵树木皆被吹倒。”

贞观时期是日本的什么时期呢？从政治层面说，最大的看点是藤原良房的摄政，令仿唐制的律令制处在崩溃的前夜。从美术文化的视角来看，这一时期的密教[①]艺术得到了很大发展，尤其是圣俗一致和即身成佛的密教观，更在贵族的意识层面刮起了变革的风雨。右近橘和左近樱，这一象征的种植方式一直延续至今。现在京都御所紫宸殿也种植着左近的樱，是在一九九八年重新种植的。成书于九〇五年的《古今和歌集》咏樱的数目远远超过了梅花。其中的名句有：“世间若无樱花艳，春心何处得长闲？”更有甚者，《古今和歌集》编撰者之一的纪贯之，有一天看到一位美丽的女子在采摘樱花，便一见生情，唱了和歌，交给那位女子的家人：“山樱遍野白云卷，雾底霞间闻芳芬。多情最是依稀见，任是一瞥也动人。”

4

日本有记载的花宴最早是在七三〇年。这年的正月十三，在九

①佛教流派之一，以《大日经》《金刚顶经》等为经典，信奉大日如来，以神秘的教理和加持祈祷为特色。

州筑紫太宰府长官大伴旅人的住宅举行了梅宴。出席者有筑紫国司等官员共三十二人。旅人的部下山上忆良也出席了。宴会上，以庭院盛开的梅花为题,每人作短歌一首。樱宴比梅宴晚了八十二年。弘仁三年（812），距今一千两百年前，由嵯峨天皇牵头，在神泉苑举行了日本史上首场樱宴。两年后编撰的《凌云集》，是奉嵯峨天皇敕命编撰的早期的汉诗集，收录的诗歌时间跨度从七八二年到八一四年。其中有一首《神泉苑花宴赋落花篇》。全诗二十二句，虽然没有出现过“樱”字,但最后四句引人注目:“妖姬一玩已为乐，不畏春风总吹落。对此年叶绝何怜，一时风景岂空捐。”这“不畏春风总吹落”是否就是樱花的隐喻?

在这次樱宴之后，宫中的贵族和文人们就经常在樱花树下举行各种诗歌管弦宴会。《源氏物语》中描述的“花宴”也就是樱宴。源氏二十岁那年的春天，被赏赐一枝樱花插于冠上。当晚在朦胧月色下，生性风流的源氏借三分醉酒，完成了对胧月夜的性侵，暗示了赏樱与性相连的图式。

樱花与春心，樱花与生情。这不仅是贵族们审美情绪的变化，更是本土意识的觉醒。日本人终于找到了自己的感觉，终于发现了表述自己感觉的本土之物。庆长三年（1598）的三月十五日，难得有闲情逸趣的丰臣秀吉领着儿子秀赖、正妻北政所，以及一千三百多位大名，在京都醍醐寺举办了盛大的“樱花宴”。这是历史上以豪奢华丽而著名的“醍醐花见”。“醍醐花见”可以说开启了日本人每年一度赏樱观花的雅风和习俗。有日本学者称，这是“民众的日本文化的诞生”。多少年后，俳句大师芭蕉有“京都有九万九千民众去看花”的名句。去看什么花呢？当然是看樱花。

写过《清贫的思想》的学者中野孝次在谈到樱花时这样写道：“每当我浮想起樱花，心中便会涌现一股忧郁的醉意，同时耳际似乎响起充满伤感的女声合唱‘春光明媚隅田川’，或听到‘春夜楼台樱花宴’的歌声，此时此刻，我感到无限悲伤。”

这或许就是日式的感觉。

5

有一个问题一直困扰着我们。日本人去看樱花，是看樱花盛开时的团团簇簇、轰轰烈烈、灼灼其华、幽幽其香吗？

是，但好像又不全是。

《古今和歌集》里的六十多首咏樱歌，只有一两首是赞美盛开的樱花，其他都是写落樱的惜情。这也是外国人看不懂的地方。日本人常说，“花是樱花，人是武士”。但为什么不是盛开的樱花而是落樱呢？原来这里有日式的文化心情。

樱花在日语中叫“さくら”（sakura）。这个“さ”原本指向稻田神。“くら”原本表示场所。“さくら”的完整意思就是稻田神在这个场所。所以，樱花美不美在以前根本不是问题的视野。它只是稻田神的象征，表明稻田神在这个地方。樱花盛开表明稻谷收成好，樱花凋谢表明稻谷收成完毕。这样来看，当然不希望樱花凋谢，不希望稻谷收成不好。哪怕樱花的盛开能延长一天也是莫大的喜悦。这是赏樱的日本人的心向，也是日本文学的主题所向。但无可奈何的是，樱花还是凋谢了，而且还凋谢得那样快。于是想让樱花常开常艳的日本人生出了惋惜之情，文学上也生出了惜樱之情。

这样看来，每年的四月初，日本人倾巢出动，浩浩荡荡，在成排的樱花树下席地而坐，或浅酌高谈，或怅然凝视。他们并不急于返回，而是耐心十足地等待着什么。月亮升起来了。周围灯火摇曳，美景朦胧。一阵晚风吹来，一团团、一簇簇，落樱坠地，无声无息，纷纷扬扬像漫舞的飞雪。衣服上，头上，脸上，女人白皙的颈脖间，甚至酒杯里都是雪白一片。美丽的樱花轰轰烈烈地盛开，又轰轰烈烈地凋谢。这时，一种莫名的忧伤仿佛从樱花树的每根枝杈里渗透出来。

“落樱，这就是落樱。”

人们打着纸灯笼，望着夜空中满天飞舞的花瓣，喃喃自语。

三岛由纪夫曾用苍凉的笔触描写过落樱：

> 一鸟居前的独木桥，都被樱花所簇拥，树上的樱花不断地落下树梢。飘落在神社长满青苔的房顶上的樱花分外娇艳，从深檐阴影的黑暗中，连绵不断地穿落而下，叫人难以弃舍，就如同金箔从金屏风上剥落下来一般。一种可怕的失落感。这就是春天，这就是樱花。如果这就是日本之诗，那么，我感到我生在了一个可怕的国度里。

为寻觅“吹雪”的景象，日本人常在夕阳西沉之时，结伴泛舟于两岸夹樱的千鸟渊上，仰头可见两岸如云似霞的樱花，直觉气势逼人，春花醉心。被昨晚的风雨吹落的花瓣大片大片地漂浮在水面，船桨在划出的条条花路中悠悠徘徊。一阵晚风吹来，眼前顿觉花雪一片。游人的心中也顿生“好花不常开，好景不常在”的无常之感，悲叹人生易老，青春不再。

6

坂口安吾在一九四七年六月发表小说《盛开的樱花树下》，对“樱花树下”的概念做了一个在场景置换下的奇异而不乏新颖的诠释：明明亲手扼死的是女鬼，濒死的女鬼脸上的笑容还兀自张扬，但浮现在眼前的则是如樱的女人、似花的脸庞。也就是说，樱花盛开的绚烂美景只是个假象。其花瓣簌簌飘落，才是使人恐惧与癫狂的源头，才是魂飞魄散的本真。坂口的天才表现在将情节的时空置于好像是当年的现实场景，又好像是遥远的远古场景。而小说描绘的铃鹿岭的樱花林间则是作者观念中的空间。这个空间并不是自然的原生态，而是被赋予了什么、象征了什么。

故事的情节并不复杂。一个混迹于山林间的山贼，靠打劫路人、捕食野兽为生。一天偶遇过路的美人，便一刀砍杀美人的丈夫，将美人占为己有。但山中原始而单调的生活让美人心生厌倦，于是在美女反复的唆使之下,两人搬到繁华的京城生活。在京城住下后,美人对山贼的要求是每天杀人。光杀人还不行，还必须将首级带回来给她玩耍。她用这些首级来玩过家家：这颗首级带着小厮出门散步，那颗首级携家眷探望其他首级，美少女的首级则被男人的首级欺骗。有的首级上面爬满蛆虫，有的首级腐烂到骨。美人则哈哈大笑，乐在其中。

渐渐的，山贼开始厌倦杀人。因为拿刀轻轻一碰，人头就咣当落地。丝毫感觉不到骨头的存在，就好像砍萝卜。而他的头快要炸开了，不是因为思考的疲倦，而是因为思考本身的痛苦。最后他好像多少理解了美人的心情：与其跟这些京城的人共生，还不如与被割下的头颅一起生活。于是，山贼与美人又想重回山林。就在半路上，一切终结于漫天纷飞的落樱中。

小说最后的场景中，花瓣扑簌簌地无声飘落。铺天盖地，蔽日遮云，转眼间美人的身姿消失不见。满眼是苍白与凄厉。樱花树下的亡魂借着扬起的阴风，透过哀婉凄幽的和乐四散开去。樱花树下就是天然的大坟场。青春的气息，生命的绿洲，在魂飞魄散中诉说着无聊与怪诞。女人的身体突然消失，手触之处则是堆积如山的花瓣。而当山贼试图拨开花瓣的时候，自己也旋即消失。这奇妙的联系点在于肉体的死必然在花瓣的簇拥下，而花瓣的张扬则是肉体更为夸张的死。原来在樱花树下，女人是精，男人是灵。

“樱花树下使人发狂发疯。”这从一开始就被坂口植入人们脑海中的认知图像最终显现：任何你能看到的这个世界都是一个幻觉，一个虚无，在最终意义上是不存在的，因为你始终置身于樱花树下。剩下的“唯有漫天飘舞的落花和萦绕在四周的冷冷的虚空”，而这冷冷的虚空足够使你失神癫狂。

坂口写这篇小说的背景，与他在战争期间目睹大量的尸体被堆积在樱花树下焚烧的经历有关。盛开的樱花与熊熊的烈焰，交织成恐怖与妖异的地狱景象，使得坂口不得不思考樱花究竟为何物，“樱花树下”又是个怎样的概念。

7

渡边淳一也有一部叫《樱花树下》的小说，早先在《朝日周刊》上连载的时候好评如潮，单行本更成了畅销书。这部小说最大的看点是触碰了道德与伦理的禁忌：堕落与救赎、背叛与忠诚、理智与本能、情色与色情的边缘是爱的真谛还是死的真谛？

那么这又与“樱花树下”有什么关联？小说的情节看似老套：人到中年的东京某出版社社长游佐，长年去京都出差，与一家老字号料理店的老板娘菊乃擦出婚外情。更令人惊讶的是，游佐还与菊乃的女儿凉子成了情人。

不过，小说开篇对话，就将“樱花树下”这个概念巧妙地放置在了没有人的尸体就无法成立的位置上。

樱花这么美，你知道为什么吗？

游佐问长发齐肩的凉子，然后自答道：

因为樱花树下埋葬着人的尸体。

树下埋葬了人的尸体，樱花就开得更艳？也许是把人的血肉当养分吸收了。樱花开得如此疯狂，应该是吸收了人类癫狂的因子。

这在只有二十三岁的凉子听来，还是过于刺激，过于恐怖了。她看着樱花的根部，想象着尸体血肉模糊的样子，不免脸色苍白。

渡边的笔下出现了两种樱花，染井吉野和垂枝樱。前者既妖媚，又让人感到悲凉，花开花谢都太拼命；后者花色鲜艳，在春阳下好似如血的瀑布，总有点妖艳的感觉。前者不管如何开败，都是淡淡的，近乎虚幻；后者美艳中深藏着毒，就像京都圆山公园的垂枝樱，总是像夜里失火一样，充满了诡异与妖娆。

游佐与菊乃在去看了圆山公园的垂枝樱后，有了首次的交欢。那天已过午夜，黑暗中只有那一棵樱花像夜里失火般燃烧。不知是否看了火一般的垂枝樱的缘故，二人仿佛也燃烧起来。游佐享受着柔软的唇的触感，刚才见过的垂枝樱在他的脑海里复苏。颤动不止的舌如垂枝樱般淫荡。结束以后，游佐再次想起樱花，却已褪色萌绿。

而游佐与凉子呢？从触摸到凉子伸出的小指，感到自己做了非常邪恶的事，从凉子的连衣裙领子中微微露出泛粉的胸脯，再到她打掉肚子里游佐的孩子。凉子是染井吉野，淡淡的，却有种虚幻之感？而她的母亲菊乃是垂枝樱，血红美艳，但带着毒性？还是凉子是垂枝樱，她的母亲菊乃是染井吉野？妙就妙在角色可以互换，中心与边缘则永远模糊。而游佐沉迷于这两种樱花之间，有交欢时的难以呼吸，也有彷徨时的难以呼吸，继而便有一种不可言状的倦怠和对死的严守扩散全身。

菊乃的死，书中没有交代原因。这可解读成渡边的一个心机，让读者自己去选择哪一种死更符合这迷幻的樱花。她无法面对女儿的怀孕，而造成女儿怀孕的又是自己心仪的恋人。这件事的残酷在于残酷本身是美的，但美必须用死来了结。菊乃坠楼而亡，死在了樱花树下，验证了“樱花树下埋葬着人的尸体”的说法。而打掉孩子的凉子，在樱花树下对游佐说“都死了”，表明让爱永恒的根本不是婚姻，而是死亡。

男子在婚外情中爱上母女二人，一个并不新鲜的故事，倒也生出了可看性和不可多得的深度，主因大概是借用观念上的“樱花树下”这个概念。菊乃与凉子，这拥有相似粉颈的母女二人，如同樱鬼、樱灵、樱精、樱魂般迷幻着游佐，引诱着游佐，使游佐堕落。这和伦理无关，更与道德搭不上关系，但与岛国的王朝美学中的“樱花美到极致就是打破禁忌”的死亡与复苏有关。染井吉野与垂枝樱，令人想起红玫瑰与白玫瑰的比喻。照张爱玲的说法，红玫瑰久而久之就是墙上的一抹蚊子血，白玫瑰久而久之就是衣襟上的一粒饭珠。但蚊子血也好，饭珠也好，张扬的不就是对生的一丝倦意？渡边淳一干脆在小说里造出“花倦”这个词，恰到好处地表达了对纷纷扬扬的锦簇、重重叠叠的奢侈，人们也天然地有一种全身疲倦感。这是对生的倦，还是对死的恋？

8

“樱花树下埋葬着人的尸体”是渡边淳一的原创吗？

这令我们又想起“昭和的正冈子规”梶井基次郎。他的随笔《樱花树下》的开首语就是“樱花树下埋葬着人的尸体”。这是一九二八年的事情，比渡边淳一早半个多世纪。

梶井基次郎这位三十一岁死于肺结核的作家，身上有一种宿醉之感。如对柠檬，他就有一种莫名的宿醉：“那单纯的冷感、触感、嗅感与视感，宛如我寻求已久而获得的至宝，贴心得令我感到不可思议。”那么在“樱花树下”，他又是一种怎样的宿醉呢？

他这样写道：“樱花树下埋葬着人的尸体。请相信此言不虚。若不然，那满树的樱花开得如此灿烂，岂不令人难以置信？起初，我因无法理解那美丽的樱花，曾有三两天心里颇为不安。不过，眼下我终于明白，那是因为樱花树下埋葬着尸体，此言绝对可信。”

为此，梶井基次郎还给出了恶魔般的论证：你不妨假想一下，在那烂漫盛开的樱花树下埋葬着一具具尸骸，且不管是马的尸骸还是猫狗的尸骸，甚至是人的尸骸，只要是尸骸就会腐烂生蛆，臭气熏天，而且还会渗出水晶般的腐液。樱花树的树根宛如贪婪的章鱼，张开触手将尸骸揽入怀中，调动起所有如海葵腔肠的根，吸吮着腐液。原来樱花的绚丽来自于对腐液的吸吮。

这也就是说，樱花树下如果没有尸体，樱花便不会如此美丽。说荒唐是十足的荒唐，说诡异是十足的诡异。但这种荒唐，这种诡异驱使他用病态的眼光审视一切，结果一切皆死，一切皆亡。一如他看到了一个小水坑，发现水面泛着出人意料的石油般的光泽。那竟然是数万只乃至数也数不清的蜻蛉的尸体，密密麻麻，无缝无隙地遮盖了水面。一般人看了会产生恐惧和恶心，但在基次郎那里，感受到的则是一种残忍的变态狂式的愉悦——发现墓地并欣赏尸骸的愉悦。这种愉悦又使得基次郎坚信尸体与樱花树合体，“即使我再怎样使劲地甩头摇脑，也硬是不肯离开我的脑海中”。

9

三位作家留下了三个不同版本的“樱花树下”的故事，都在诉说樱花树下埋葬着人的尸体，但不同的是，坂口安吾将人的无聊和无赖还原成美人，还原成一触即消失的虚幻的观念论。渡边淳一将女人还原成樱花的精灵，或者说女人就是樱鬼，从而展现爱的极致是美的极致，美的极致就是染井吉野，来得轰轰烈烈，死得干干净净。梶井基次郎是将所有的生命体都看成尸体，看成必须在樱花树下埋葬的一种必然性的哲学，如果说人死如灯灭，那么樱美如人死。

以更大视野看的话，如果说樱花在古代日本的重要意义在于庆贺“生”，那么在平安时代以后，樱花也慢慢地朝着发生学[①]意义

①指在地球历史发展过程中生物种系的发生和发展。

上转换。《源氏物语》中常用盛开的樱花象征生命力，但同时也用樱花的短暂表征触物伤情。王朝生活在其奢华和光鲜的背后，也开始显现出物哀的一面。光源氏在宫中虽如发光体般的存在，一如他的名字所示，但他与女人们的交往不仅深深打动了女性，连男性都为之落下伤感的眼泪。这种触物伤情式的物哀美学，恰好与樱花的盛开与凋谢相重叠。

从因为春雨而凋零的夜樱，到如樱花凋谢般的死，歌舞伎《忠臣藏》将这一情景模式艺术化，开了将武士之死与落樱相连的先河。红的是血，白的是花，在视觉上带来的是冷与热的刺激，在观念上带来的是落樱不再仅仅是物哀的美学，也是武士慷慨而死的哲学。这一逻辑过程的演变，无论在情感上还是理智上都自然得呼之欲出。再到后来，出现了“散华”这个词，将落樱塑造成阵亡兵士的幻象和意志。“散华”原本为佛教用语，出于赞美佛陀之意，才说像花一般散落。用樱花的散落来美化战死，不能不说是日本人的一大发明。

学者大贯惠美子在这方面论述得最为深刻，她在二〇〇三年出版《被扭曲的樱花：美的意识与军国主义》一书。这位在美国威斯康星大学研究人类学的研究者，或许是在时空上更为超脱的缘故，使得她能自如地在日常生活的象征意义的延长线上，论述樱花的美学价值与日本极权主义政权这两者的关系，虽然她本来的学术企图只是想研究樱花的文化形态。

为天皇而牺牲的意识形态，是如何渗透到日本臣民的日常生活中的？大贯为此拉出了一条长达千年的历史脉络，将樱花象征意义的演变、天皇制国家的形成，以及特攻队士兵的思想历程，放在了传统与现代、吸收与拒绝的文本中，进行反复的思辨与考察。大贯在书中不无尖锐地指出："当对外战争的危机迫在眼前的时候，军方除了把军人比作盛开的樱花之外，另外又用隐喻的手法，让凋谢的樱花来美化军人的战死。"

在这里显现出的逻辑脉络是：除了象征丰收、生殖力与疯癫，樱花短暂的盛开与凋谢在日本文化中也成为死亡与重生的隐喻。从王权构造中生出的落樱成了日本"文化民族主义"的一个符号。落樱披上文化的外衣，悄悄地越过理智的防线，竟然无人警觉。

10

有"樱花诗人"之称的西行，有一首在临终前几年咏的颇为有名的歌，长期为人们传颂：

> 早春四月夜，玉轮当空挂。
> 此时遂吾愿，死于樱花下。

为什么要圆寂于樱花下呢？因为这符合落樱的美学：一片片花瓣美丽地凋零和消亡，象征着生命在四季不停地流转，象征着人也可以像樱花一样美丽地死去。

多少年前在少男少女中引起轰动的纯爱小说《在世界中心呼唤爱》，作者片山恭一在结尾处这样写道：

> 起风了。樱花片片飘散，花瓣飞到了我的脚下。我再次看了一眼掌中的玻璃瓶（里面装有亚纪的骨灰），突然心生一念。不会后悔吗？也许会。然而此刻，飞雪般的樱花却是如此美丽。缓缓地旋开瓶盖，将瓶口对着天空，伸直手臂划了个大大的弧线。白色的骨灰像飞沫一般飘舞在黄昏的天空中。又起风了，花叶纷纷飘散。裹挟在片片白色的花瓣里，亚纪的骨灰转瞬便不见了踪影，随着飘散的樱花远远而去。

还是高中生的朔太郎在最终的意义上告别了亚纪，告别的方式和落樱相似。落樱之美在于无言的寂灭。它转向另一种形式的生，一种淡淡的、带有忧愁的冷峻的生。那看似飘向远方不再回头的樱花，实际上还是透露了明春的讯息。朔太郎明年这个时候，又将和面带微笑的亚纪在风景依旧的樱花树下相逢。这也是他在落樱时节飞撒骨灰的象征意义。可见落樱文化在日本人心中有多么深刻。

江户中期俳人加舍白雄有首《落樱》的俳句，写得非常日式：

> 昏灯初上恋相思，
> 落樱更伤春。

春日渐暮，昏灯初上。数瓣樱花在晚风中飘落。独自端坐，不由得愁绪生来，顿感寂寞。伤春怀人，此情此景难排遣。昏灯—思念—落樱—伤春，这是日本人才有的落樱文化图式。

日本新学期开学是四月一日。据说是为了让新同学能在樱花树下集合，唤起一种新生的意识。新的财务年度始于四月一日，据说是为了能在樱花树下畅饮,忘却生意上的赤字。樱花飘落年年发，是人们眼中生命复苏再生的象征，虽然在日本人看来，春心与春花都将寂灭，一切青春的美好与一切相思的无助都是表象，都将芳菲落尽，归于死寂。

明治文人新渡户稻造有一段著名的樱花和玫瑰的比较说：

> 我们无法和欧洲人分享他们的玫瑰。因为玫瑰缺乏单纯的美，并且还有隐藏在甜蜜花朵下的利刺，以及它依恋生命的固执。不管是讨厌还是害怕死亡，它宁愿从茎开始腐朽，也不愿让花朵凋谢。玫瑰有艳丽的色彩与浓郁的香气，它所有的特色都与日本的国花南辕北辙。樱花之美并非藏有短剑和毒药，而是自然而然地散落。

表面看这是两种花卉的性格比较，而实际上是日本人和欧洲人两种文化、两种精神的比较。带刺的玫瑰给人刚毅的感觉，落入水中的樱花给人柔弱的印象。以柔克刚、以弱攻强、以小制大，这是日本人骨子里的感性张扬。他们用落樱文化对抗玫瑰的哲学，倒也开出了一片新天地。

11

如何表现寂灭的意象景色？如何表现因为有“灭”在前，才能映出“生”的不可多得和无限美好？这时日本人总是想到樱花。他们总用樱花来表现自己的精神心向：欢乐与寂灭这两种截然相反的境界常常相伴相随。

江户时期的浮世绘画家溪斋英泉的《春之薄雪》令人印象深刻。男女在雪地里交欢，却落樱遍野，雪地一片绯红。初春凋谢的樱花落在冬日的雪地上，构成季节上的凛冽与冲突。将这种凛冽与冲突推向极致的，是一种东方哲学：只有数天生命的樱花，盛开也就意味着凋零。人们在享受性爱快乐的同时，感受到的则是濒临死亡的寂灭。

从这一意义上说，江户时期的大学问家本居宣长，则再清楚不过地说出了全部事情的缘由：“若人问起大和魂，满山樱花映朝晖。”“大和魂”与“满山樱”第一次有了观念上的自觉互动，而这种互动最终指向的是“映朝晖”。

鬼

“鬼，人所归为鬼。从人，象鬼头。鬼阴气贼害，从厶。
凡鬼之属皆从鬼。”

鬼同神一样，不是用来信的，而是用来思的。

人鬼何以并存？何以又能展开对话？

1

日本的鬼怪文化，总是让我们联想起混沌将开未开，愚智将启未启，人妖将分未分的人类文明的初始期。或者是某个飘着绵绵细雨的深秋傍晚，在一间阴气十足的白木屋，一个乱发獠牙的女鬼游走于昏然的阴阳两界。笔名为“梦枕貘”，写下《阴阳师》系列的畅销作家，一个“貘”字干脆指向了那种吃掉噩梦的怪兽。而写有《姑获鸟之夏》的京极夏彦，更将日本的鬼怪文化视为在这块土地上经年累月形成的珍贵“精髓”。为什么怀孕了二十个月仍然无法分娩？她的丈夫一年半前为什么在密室里消失？非常诡异与惊悚。而这诡异与惊悚又与现代人的生活紧密相连，或者说人界与异界不再迥然二分，而是互为因果。曾轰动全球的鬼怪文化杰作《午夜凶铃》，女鬼贞子的形象更是深入人心。人最大的恐惧就是怕自己有乱伦的欲望？女鬼贞子显然要报复、要弑杀她的父亲？人神、人鬼、人妖就这样紧紧地缠绵，难以分辨何为人、何为鬼、何为妖。

毫无疑问，日本是个鬼怪大国。四周环海，山峦崎岖，森林茂密，灾害频繁，是鬼怪出没的地理上的先机。日本多水鬼、山鬼、风鬼、岩石鬼、森林鬼，是远古时期人们的想象在地理上的投射。动画片《萤火之森》里自称鬼怪的神秘少年银就住在山林深处。鬼怪多，打鬼故事也多。“注意你背后的黑影”，“这个世上没有什么不可思议之事”——京极堂系列干脆以鬼怪为发端，构想现代人是鬼怪的后裔，但比鬼怪更坏，干着各种不能再蠢的蠢事。

2

当然，科学从来没有证明过鬼的存在，但也从来没有证明过鬼的不存在。哲学大家波普尔说过，科学与非科学的最大区别就是可证伪性。那么鬼是科学吗？如果不是，就不具有证伪的条件。而不具有证伪性，是否就意味着鬼神不是用来信的，而是用来思考的。真的有十万亿极乐净土？人鬼何以共存？为什么要借钟馗打鬼？当然还有令人生畏的黑色。“黑色手背套，黑色布袜，黑色围巾，黑色和服，黑色木屐，只有木屐带是红的。”这是京极夏彦《铁鼠之槛》中黑色的典型。

显然，这里有两个世界，科学世界和精神世界。科学用来发现和解释世界。精神用来信还是不信科学发现和解释的东西。从这个意义上说，更为本体的应该是精神。科学有局限性，但精神将这种局限性归零，并导入想象与信仰。因此这里的逻辑是：如果说没有迷惑就不能产生恐惧，那么要使迷惑存在的一个前提，就是要有迷信存在。而迷信存在的一个前提是必须要有鬼怪的存在。从这一意义上说，鬼怪文化恰恰是为了唤醒人类已消失的恐惧之心而存在的。所谓测鬼神之形状，发人间之幽微，便是这个逻辑的延续。康德为了释道而引入上帝的悬设，我们为何不能为了释人而引入鬼怪，作为一个终极的观察者？我们将点点磷火叫作鬼火，将凄凄冷雨叫作鬼雨，将悲悲啼鸣叫作鬼哭，将滔滔雄辩叫作鬼才。这样看来，鬼怪实在是人间欲望的一个投影。

在战争中失去左臂的“鬼怪博士”水木茂，他的畅销杰作《鬼太郎》所要表现的一个主题，就是人类的肆意妄为冒犯了鬼怪，鬼怪们才怨念凝结，不得已与人类抗衡。毫无疑问，这是水木茂对鬼怪文明的理解与敬重。因为日本人始终相信鬼怪一定先于人类而存在，并相信它们仍然用自己的逻辑，静静地审视着与自己有异的世界。或许出于这个原因，宫崎骏在《千与千寻》中勾画了一个人类不应冒犯的异界小镇。安达渡嘉的《野良神》则是在人间与阴间的交界处展开故事。而垣野内成美的《吸血姬美夕》中的美夕，则干脆宣称自己来自异界的吸血族，任务是要将魔鬼送回黑暗之中。

3

要问鬼怪为何物，就如同问思维为何物一样，不是无聊就是无趣。《土蜘蛛草子》是古代日本人的打鬼传说。在莲台野，源赖光和渡边纲追赶在空中飞行的骷髅，来到了神乐冈。这里有一间旧屋，居住着一位两百九十岁的老媪，还有各种异形怪物和容色美丽的女妖。源赖光和渡边纲首先砍杀女妖，刀刃上沾着白血。血流淌至老媪的旧屋，再流淌至不远处的一个洞穴，那里居住着一只巨大的蜘蛛。源赖光用大刀砍下蜘蛛头颅的同时，蜘蛛的腹部又生出了一千九百九十个头颅，更有数不清的小蜘蛛在一旁蠕动。源赖光和渡边纲最后将蜘蛛的巨头埋于洞穴中，并烧毁了老媪的旧屋。这两百九十岁的老媪为何物？有一千九百九十个头颅的土蜘蛛又为何物？刀刃上为何沾着白血？会有答案吗？

京极夏彦说过，与其说我喜欢鬼怪，还不如说我感兴趣的是塑造出鬼怪的日本文化，以及生活在这个文化之中的人们。我们能从中看出日本人敬重鬼怪的生活态度。

日本有七处非常有名的鬼的出没地：福岛县二本松市的安达原鬼婆、长野县长野市鬼无里的鬼女红叶、京都府福知山市大江山的酒吞童子、京都府京都市罗城门的茨城童子、鸟取县西伯郡鬼住山的兄弟鬼（大牛蟹与乙牛蟹）、冈山县总社市鬼城的温罗鬼、爱媛县宇和岛市的牛鬼。而在青森县的鬼神社，传说是鬼为人们带来了稻作技术。秋田县的三吉神社，传承着三吉鬼的故事：只要让鬼喝酒，鬼就会成为人的助手。岩手县的三石神社述说着“岩手”的由来。原来是被神抓获的罗刹鬼，被迫在岩石上按手形，这块岩石后来就叫岩手。

在日本还有可以与鬼交流的博物馆（京都府福知山市大江町）

和关于鬼文化的博物馆（岩手县北上市）。而宫城县村田町有鬼的木乃伊。香川县高松有桃太郎葬鬼的坟冢。东京调布市有鬼太郎茶屋。冲绳县的首里城附近有金城御狱，传诵着妹妹让吃人鬼哥哥从悬崖上滚落摔死的故事。

在日本，仅在东海地区姓鬼头的就有一万多人。在东日本姓鬼泽的有六千多人。在近畿地区姓九鬼的有七千多人。此外还有鬼木、鬼首、鬼石、鬼王、鬼原、鬼追等姓氏。而带鬼字的地名，属栃木县的鬼怒川最有名。岩手县远野市的鬼原是柳田国男名作《远野物语》的诞生地。三重县尾鹫市的九鬼是中世活跃的海贼武士团九鬼一族的发祥地。鹿儿岛县萨南诸岛的鬼界岛，是平安时代反叛平家的平康赖、藤原成经与僧侣俊宽的流放地。此外还有富山县黑部市的饿鬼山、饿鬼岳等。

这样看来，空间上尽可能地与鬼怪相接，时间上无限地与远古相连，让鬼怪每时每刻都在你的身边，在恐惧与敬畏中度过每一天，这点日本人做得最用心。

以鬼为题材的漫画家永井豪，一九七六年发表悬疑漫画《手天童子》，从平安时代到二十二世纪，超时空地将手天童子郎的身世之谜与鬼的关系慢慢点出。在执笔过程中，永井豪原因不明地多次生病。日本人说，这是鬼的显灵。或许从这一意义上说，我们就不难理解，同样是三国里的诸葛亮，中国人喜欢他的智慧，日本人则喜欢他的妖气（神秘色彩）。

4

日本鬼，其角为牛角；西洋鬼，其角为羊角，这体现出农耕文明与畜牧文明的不同。耕地要用牛，而打猎的对象是羊。从妖怪学的角度说，鬼是人与牛的集合体，恶魔是人与羊的集合体，天狗是人与鸟的集合体，河童是人与龟的集合体。《西游记》研究者中野美代子说，鬼是两种异形之物集合体的想象上的怪物。中国古代《山海经》里有许多与人相似的妖怪，但这些妖怪与佛教思想中地狱的鬼并不相似。今天想象中鬼的形象和造型，其实渗透了日本人相当多的独创元素。它们有人的身躯，筋骨隆起，两根牛角，用虎皮作兜裆，手持铁棒，口角向两侧裂开，獠牙爆出，会吃人，会鞭打堕入地狱的亡者，在种类上又分为赤鬼、青鬼和黑鬼。人们都以为这是从太古时代就有的鬼的身姿，其实出现得相当晚，是室町时代的狩野元信创作的鬼的形象。元信在《往生要集》中说阿鼻地狱有人道（六道之一）的地狱鬼，头是罗刹，口是夜叉，有六十四只眼睛，能吹动巨大的铁块。罗刹在空中和地上飞走不停，夜叉则容貌丑怪，都是吸人血吃人肉的恶鬼。如果要实施最重的刑罚，再加上象征力量的有六十四只眼睛的狱卒。总之，地狱鬼是佛教鬼的典型。

日本的鬼，其汉字来自中国，但意思有所不同。中国的鬼指死者的灵魂。《说文解字》曰，人所归为鬼，表明“归鬼”二字同音且同义，即人死归土成鬼。所以中国的鬼有畏惧的一面，但少有恐惧的一面。在日本，死也叫入鬼籍，也表明鬼与死是相连的。但日本的鬼最终指向的是活人，是对活人的警示和规诫。比如狐之鬼、鬼之狐，从我们的角度怎么看也生不出美感，但为何就能影响日本人的精神心向？原因在于他们将狐视为女性的化身。

最著名的传说是阴阳师安倍晴明的母亲是一只名叫葛叶的白狐。据说有一天晴明的父亲在信太森林里救了白狐，白狐便成了他的妻子，不久生下童子丸（晴明）。英雄人物的母亲大多来自于异界，这固然是神话中的一个经典桥段，但白狐传说能在日本流传至今，又具有其特殊性。在日本人的观念中，母亲不可能是一个现世的存在，她永远属于“他界之妻”，其构造的底部连接着《古事记》的宏大叙事。生育了全体日本人的伊邪那美是黄泉国里的女鬼。这让全体日本人吃惊的同时，也让他们患上了丧母的心病。哭着想见母亲（伊邪那美）的素戋鸣尊，与哭着想见母亲（白狐）的安倍晴明，其精神构造有惊人的一致性。

5

在日本，从古代到中世，鬼神的一个特点是将自然妖怪化，并将其看成威胁王权的一股力量。如酒吞童子的传说表明击退鬼怪的主力是武士，宗教人士只不过是协助者。而玉藻前的传说表明击退鬼怪的主力是宗教人士，武士只不过是协助者。其目的都是为了守住王权。这两个传说是京都王权拥有双力（武力和诅咒力）的一个表现。玉藻前故事里登场的宗教人士，是安倍晴明的孙子安倍泰成。他用占卜术看破了玉藻前是狐狸的化身，举行泰山府君的祭祀击退它。这显然是阴阳师依据祭祀守卫王权的传说之一。至于美女玉藻前是否就是《山海经》里的九尾狐，有多个说法，但日本的历史学家普遍认为玉藻前的原型可能是为鸟羽上皇宠爱的皇后美福门院（藤原得子）。

但到了中世末期，以王权为对象的规模巨大的自然妖怪开始衰退，新型妖怪逐渐取而代之。这新型妖怪是表现第二自然的人工之物——古老的器具。当时的人叫“つくも神”，写作汉字“付丧”，但妥帖的文字是“九十九”，表明人造的物件经过百年，灵力衰退的结果就是百鬼丛生。“つくも神”也就是古道具的鬼怪。日本中世后期制作的鬼怪游走的画卷《百鬼夜行绘卷》，就是古老器具的变身。现在岐阜市崇福寺所藏的《付丧神绘卷》，也描画了从付丧神的诞生到成佛的过程。这个画卷的看点在于古老的器具是如何渐渐变成了鬼的模样，属于典型的古器具妖怪物语。

因为器具百年后成鬼，所以日本人在迎新年之前，养成了将不到百年的器具丢弃的习惯，日语叫“煤払い”，意为年末大扫除。但是这个习惯惹火了被扔掉的古器具。不到百年就被任意扔掉，它们将不能成鬼的怨恨转嫁至人间，于是开始造反，这便成了故事的开端。传说的年代被设定在康保年间（963 年开始），这比酒吞童子作怪早了三十年。选择这个年代的理由肯定是听了百鬼夜行的说法。

被扔弃的道具们在洛中洛外纠集起来，思量着怎样才能变鬼复仇。古书里的顾问先生这样说：节分是阴阳混沌造物之时，这时若将自己的身子虚设起来让其造物，就能成鬼。这个传说与酒吞童子的传说相比较，值得注意的特点在于规模的缩小。在酒吞童子的传说中，鬼居住在距离京都很远的大江山，这与龙宫、阎魔宫的形象重叠，鬼就是城，城就是鬼。而付丧神则居住在内里的船冈山，显然与巨大无关。成鬼的理由也发生了根本的变化，并不是自己的领地被支配者剥夺，也不是在王权的强势下积怨成仇，而是自身的价值不被重视、不被感恩，积蓄的仇恨突然爆发。酒吞童子会艺能、笛、田乐等，而付丧神的艺能只是双六[①]等游戏，显现出没有教养的感觉。酒吞童子被源赖光斩首后还在战斗，而付丧神受到护法童子的攻击后就乖乖地投降了。

从自然环境到文化（道具）环境，鬼怪故事的框架被缩小化的同时，多样性的文化范式也开始出现。从《付丧神绘卷》到《百鬼夜行绘卷》，我们看到的是琴和琵琶等玩乐器具、伞与鞋等生活器具、锡杖与鸣钲等宗教器具的广泛使用。各种器具形成的鬼怪汇聚一堂，在夜间的京都大道列队行走。物语的宏大性和故事性不再是首要的关注对象，单单是器具的样式、行走的姿态就令人悦目。怎样的鬼怪？怎样的身姿？在哪里出现？怎样出现？名字叫什么？日本人对鬼怪的趣味向多样化发展。毫无疑问，一个新的鬼怪时代开始了。而江户时代鸟山石燕的《百鬼夜行图》，就是这种

①两人交互从竹筒中摇出两个骰子，根据骰子点数走棋子，执棋先进入对方阵地者获胜。

趣味的集大成之作。水木茂的《妖怪大全》，则网罗了八百九十五种日本人喜闻乐见的妖怪。从排列第一的青行灯到最后一位六所大明神，张张有图，非常形象。从器物的大量生产到器物的丢弃，再到鬼怪的出现，日本人对器物的循环再利用思想得以萌发，竟然是源于对那些叫“付丧神”的器物的畏惧，想来也令人生趣。

6

有一点十分有趣，并引人思考。日本人一方面摆出与鬼怪共生的姿态，出版四十七都道府县的妖怪地图册，示意鬼怪今天在日本的复权；另一方面又在春分时节大搞“鬼出去，福进来”的撒豆驱鬼活动，表明日本人在现代语境下的心结。在人力不可及之处，欲借鬼怪之力，而人已经占有的区域，又怕鬼怪的侵入。这就像姑获鸟虽然可爱，却唱着阴森可怖的戏码一样。

活跃于江户时期的画家长泽芦雪，是圆山应举的高徒。他的《山姥图》奉纳于广岛的严岛神社，出类拔萃。整个画面是山姥穿着和服，长长的白发直垂到腰，又长又宽的脸布满了皱纹。牙齿外露，大眼横眉，和服的下摆露出草鞋。赤脚，脚异样地肥大，手上指甲长长，拉着据说是儿子的金太郎的手。画面非常恐怖。

夏目漱石在《草枕》中提到这幅画，说理想的老媪一般都非常可怕，应该置身红叶中或是寒月下。日本人自古就对老媪感到畏惧。传说中经常有鬼扮成老媪的模样。特别是猎手的母亲通常都是鬼，她们食儿吐骨。《平家物语》里，被渡边纲砍断手腕的鬼变成他的养母，手腕又被接上了。而当渡边纲打破禁忌，在第六天见到了不该见的养母，养母拿着断臂看了良久，突然惊呼道：这是我的胳膊。语毕一笑，转眼间变作鬼破窗而去。

经典文学作品《更级日记》的作者菅原孝标女，说她的父亲有一次从赴任的上总（今千叶县）回京途中，宿营于足柄山山麓间。在无月的恐怖之夜，三名游女在黑暗中唱歌，与她的父亲寻欢之后，又消失于黑暗中。《鬼的研究》作者马场秋子说，所谓的山姥，或许就是这些栖息于山中的游女，她们老后成鬼。从长泽芦雪的《山姥图》来看，山姥穿着很体面的和服，令人联想起游女的面影。在日本，有游女与鬼为同一物的观念。淀川沿岸的江口和神崎一带，常有泛舟唱歌引诱男人的游女。男人们迷恋她们，竟然忘记回家。这些游女在男人眼里就是迷人的鬼。或许由此故，喜多川歌麿在木版画《山姥与金太郎》中，干脆将山姥点化成一位妖艳的美女，雪白丰满的乳房吸引着怀中的金太郎。显然在日本人的眼里，山姥背负着鬼与母的两面。善与恶并存，美与丑重叠。

在比叡山西麓的溪谷周边，有个叫八濑的村子（现属京都市左京区）。这个村子里的人以前都被叫作八濑童子，他们专事朝廷的重要仪式。为什么一定要叫他们去侍奉？原因不明。但有一点可以确定，八濑村的居住者很久以前就被视为鬼的子孙，天皇死去的时候，他们负责搬运遗体。《广辞苑》解说“八濑童子”条目，刻意隐去了鬼与葬礼的部分，只强调他们参与朝廷的重要仪式。八瀨童子和天皇家有关联，是从中世的后醍醐天皇开始的。这位天皇被反叛者足利尊氏追杀出京都，逃往比叡山避难，获得了当地八濑村人的帮助。这一行为或许感动了天皇家，从此八濑的童子就世代参与抬举天皇灵柩的仪式。如一九八九年昭和天皇的葬礼，就有六位八濑童子抬棺。这里不免有个疑问：为什么要让鬼的子孙来参与天皇的葬礼？

可以解释的一个理由是，天皇家与鬼家子孙联手，表示神（天皇）与妖怪（鬼）合体。“鬼”的日语发音为“oni”。但在太古的时候不是这个发音，而是“mono”，对应的汉字是“物”。据此推断，在古代日本人看来，“物”不仅仅是单纯的“物质”，也包含灵的属性。“物”里有神有鬼。神与鬼是同一现象的表与里。鬼给人恐怖的感觉，但绝不是邪恶的存在。为此学者大和岩雄在《鬼与天皇》中分析道：神与鬼，再到天皇与鬼，看上去是一种对立，其实互为依存。鬼在夜半露脸，白天隐身；天皇也是夜半举行神事，白昼归隐。与神接近是鬼与天皇的共通之处。不懂这条日式原理，天皇制的本质也就无法理解。《日本书纪》将日本人看到鬼的年月，设定在六六一年齐明天皇的葬礼上，记载说：“朝仓山上有一鬼，头戴大斗笠，来观帝葬。”这个头戴大斗笠的鬼为何要窥视天皇的葬礼？这显然是日后八濑童子参与天皇家葬礼的一个重要伏笔，更是鬼与天皇关系的神秘展开。鲁迅在《故事新编》中讲到明皇梦鬼，说一阵阴风，“许多蓬头的、秃头的、瘦的、胖的、男的、女的、老的、少的鬼魂出现”。这显然是中国式的鬼，用死魂在梦中缠住活人。

在日本，一寸法师的鬼、大江山的鬼、桃太郎的鬼、地狱的鬼，因为不笑才是鬼。但是小胖鬼故事中的摘瘤爷爷唱起了“beccho-beccho”（指女阴），鬼笑了。原典出自《宇治拾遗物语》。不笑的人是鬼一般的人，笑的鬼是人一般的鬼。

在西洋，鬼是不笑的，笑的是神。希腊神话中的神都会笑。如大地女神盖娅寻找被拐走的女儿，担心得食不下咽。在旁看了心疼的侍女为逗笑女神，在她面前表演各种滑稽的动作。女神果真情不自禁地笑出声来。心理学家河合隼雄说，这里各种滑稽的行为，实际上是对女性性器的想象的延展。但西洋的鬼即便看到了女性性器也不会笑。这就与日本不同。文化人类学家关敬吾有一则鬼怪故事，讲一位新娘到男方家的途中下雨了，母女二人就在山下躲避一时。这时鬼出来恐吓她们，将河水涨得高高的，想淹死她们。母女正慌神之际，一位女尼过来提醒她们：把和服撩起来给鬼看。于是她们三人同时将自己的和服撩起来，鬼哈哈大笑，母女俩吐掉了肚子里的水，得救了。鬼大笑的原因是她们没有在和服里面穿短裤。笑鬼的存在表明日本的鬼与神就根源性而言存在着一致性。鬼有可爱和恐怖的鬼，神也有可爱和恐怖的神。善恶共存的结果是生出了灵活性和暧昧性。

日本男人说自己的妻子凶狠，总是用两手在头顶上竖起，暗示鬼的模样。日本人相信女性一旦发火，比鬼都可怕。日式的结婚仪式上，女性要头披叫“角隐”的纱巾，是因为自古以来有传闻，女人妒忌发狂就会成鬼，所以为了防止露出角变鬼，女人在结婚的时候必须头披纱巾，表示自己是个贤惠的妻子。

《今昔物语集》里安珍和清姬的故事，讲少女清姬暗恋上了每年来熊野参拜的僧人安珍，但安珍对清姬并无感觉，每次见面都想逃走。爱得发狂的清姬只能紧紧追赶。追上安珍后，安珍竟说，清姬是否认错了人？气得清姬形似女鬼，最后变身大蛇，吐出浓浓的火焰，二人在道成寺被活活烧死。这个故事验证了女人爱百憎千的说法，后来被广泛地改编成能剧、歌舞伎、人形净琉璃，甚至还拍成电影。日本女鬼的一般特征是最初是个普通的女子，因嫉妒和怨恨等缘故，从对男人的情念中变身成活生生的鬼。问题是一旦成鬼，男人再怎样回心转意都已经晚了，结果必然是杀死对方，自己也跟着消失。

能面里有一种叫“桥姬面”，因为传说中有个因妒嫉而变成鬼的女人名叫桥姬。桥姬面用于嫉妒深重的女人，其表情特征是复仇雪恨。故面为红色，咧嘴瞪眼，狰狞可怕。桥姬面最初用于《铁轮》剧目，讲丈夫与另一女人偷情，妻子气得不行，祈愿自己能变成鬼杀死丈夫。于是到贵船神社参拜，讨教如何才能成鬼。被告知在铁轮上供上蜡烛，穿上红衣，在宇治川浸泡二十一天就能成鬼。妻子如法炮制，果然成鬼，去追杀背弃自己的丈夫。但面对曾经爱过的丈夫，她怎样也下不了手。在恨与爱之间动摇的她只能循路而逃。

在日本，女性的鬼一般也叫“般若”。这是佛教用语，表示智慧之意。原本与鬼无关的般若成了鬼女的代名词，是能剧中鬼女登场的结果。戴上能面师制作的般若鬼面，表现的是女人强烈的嫉妒与怨恨的形象。虽然能剧中也有男性的鬼，但一般不称为般若。

日本鬼文化一直在争论一个问题：杀害最强、最有名的鬼——酒吞童子的是鬼还是人？虽然下手的源赖光是历史上真实存在的人物，但他砍下酒吞童子首级的凶器是同为鬼族的锻冶师铸打的名刀，而锻冶师就是鬼，这在日本鬼文化里是常识。因为锻冶师在铸刀的时候，请鬼当助手。从岐阜县关市南宫大社所藏的挂轴来看，两个锻冶师有四个鬼在帮忙。青鬼和赤鬼在打锤，褐鬼和黄鬼在磨刀。逻辑上说，使用鬼打造的道具，使用者自己也是鬼。鬼的研究者仓本四郎在《鬼的宇宙志》里设问：如果源赖光也是鬼的话，那么以异（鬼）制异（鬼）不就是权力者的常用手段吗？

7

学者梅原猛在《地狱的思想》中提出一个观点：能剧比元曲来得优秀。何以见得？原来这优秀表现在元曲较多是劝善罚恶，属于裁判剧。而能剧则是聆听被救助对象的灵魂的呻吟。虽然元曲有能剧所没有的缜密的剧情构造，但较少像能剧一样深刻地体察人的内在。那么，能剧中的主人公是人乎？非人乎？严格地说为非人。即便勉而为之，充其量也是死去之人，或为鬼为妖为狂。就好像舞台上有美人登场，我们并不怀疑她活在现实中。但随着剧情的展开，暴露出意外。她被两个男人所爱，不可避免地悲惨死去。

原来舞台上的美人是死去之灵的化身，在前场作为清纯美人露面，在后场作为被邪淫之火吞噬的夜叉亮相。或者说前场是白昼的话语，后场是夜晚的话语。在白昼世界，人的灵魂表现出日常性。在夜晚世界，人的灵魂则从日常性中跳脱出来。舞台上女人灵魂的深处，是人的烦恼和情欲的激烈碰撞。少女在黑暗中跳舞，是想脱下日常的假面，让灵的内面赤裸裸呈现。看来用灵异切入日常，将日常异界化，或将异界日常化，人类以外的鬼、鹈、樱、杜若等都可以成为剧本的主人公，这种泛生命观和泛神论是能剧比元曲深刻的一个主要原因。

日本人自古以来就将高山与大海视为异界，是由人类以外的势力来统治的。虽然鬼怪丛生，但它们有自己维持秩序的手段。人类一旦冒犯它们，就会遭致报复。而鬼怪一旦实施报复，人类就会陷入毁灭的境地。石田翠的《东京食尸鬼》火爆连连，原因在于逻辑的意念极强：移植器官的提供者恰好是叫喰种（Ghoul）的人鬼。接受移植的金木研醒过来后，感到身体不适，原本记忆中的美食味道全无，数日不食也没有饥饿感。但不久强烈的空腹感开始折磨他。更为恐怖的是，当金木研意识到能引起食欲的对象竟然是大街上擦身而过的男男女女，人类毁灭的日子也来临了。这里的看点在于，不是鬼怪们自己吃人，否则人类将鬼怪杀了，故事也就结束。深度显然在于食人鬼将 Rc 细胞输入到人体内，人类就会拉开人吃人的战争。战争一结束，人类死去，异界之王便成了地球当仁不让的主宰者。

以前的民间故事《五分次郎》，讲五分次郎钻进鬼的肚子里，用绣花针乱扎，疼得鬼满地打滚讨饶，今天《东京食尸鬼》里的食人鬼则化成细胞，流入了人的血液。这次人类面临的可不是如何讨饶的问题，而是灭种的问题。用鬼怪直面当代社会的困境，用鬼怪还原现代人的生存状态，这样看来，日本人还真是极富艺术想象力。这并不是说西方世界没有鬼怪文化，而是说西方的鬼怪文化似乎更愿意接受像恶魔、僵尸、变态杀手之类的东西，不太愿意接受人鬼同源、死者重生的东方模式。这或许与基督教讲神信仰有关，非神者岂能轻言重生。恶魔反倒可以堂而皇之地作为神的对立面存在。而由广岛藩武士柏正甫在一七八三年编撰的《稻生物怪录》，讲一个十六岁的少年与鬼怪作斗争的故事，异想天开的情节迷醉了后世的学者和创作者。原来鬼怪物语可以有另一种思路、另一种构想。可以说，日后日本鬼怪文化的创作都延续了《稻生物怪录》的内核。

在这个世界之外有人类无从知晓的世界，异界和灵异带来的恐怖就是无从知晓带来的知性的惊艳。而日本人将此以鬼怪的形式予以再现。这令人想起铃木大拙天才地用“灵性”这个宗教用语，区别既不是精神也不是灵魂的日式思考特色。

作家梦枕貘在《秘帖源氏物语：翁》中，将六条御息所的生灵作祟，比喻为笙之音在月光中灿灿飞舞。笙之音裹着月光，月光裹着笙之音。葵上和夕颜的死，向光源氏抛出谜题：在迷宫深处的黑暗中，兽头王用黄金杯喝着黄金酒并哭泣着。这位兽头王为什么要哭泣？原来饥饿的兽头王正是内心充满悲哀的女人，她们在不知不觉中说谎，也在不知不觉中说出真心话。

梦枕貘说，对鬼物之“物”的破题才是《源氏物语》的真正价值所在。六条御息所与鬼怪、光源氏与阴阳师，交错缠结的两大谜团绝妙地上演着日式生灵剧和死灵剧：只要是生物，就本能地惧怕死。而惧怕死，恰恰是鬼怪文化用自己的逻辑审视自己的一个结果。

寂

“寂，无人声也。”

闪光透白的铁器上锈迹斑斑，呈现出扑簌扑簌的腐朽相。

人眼注视着万物终焉的过程，并让想象奔腾，

体现的正是寂。

而所谓的寂，真能令时光倒流吗？

1

如果有一桩这样的魔鬼交易——世界上每消失一样东西，就能让人的生命延长一天，但问题在于每失去一样东西，人又心痛它的意义和价值。你是要延长生命呢，还是要持续每天的心痛？显然这已触及人的心灵黑洞。

以上的提问便与这样一个问题相连：日本模式、日本时尚、日本艺术为何能持续引领全球，成为一股越来越重要的潮流？这是因为日本有以黑色为主色调、震撼西方的服装设计大师山本耀司？有被称为“面料魔术师”的三宅一生？有“自然野趣流”的川濑敏郎的插花艺术？有自喻“每天穿二十万日元的夹克，就能明白二十万日元值在哪里”的生活美学家松浦弥太郎？有以圆点绘世界的前卫艺术女王草间弥生？或者是有说出“虽然是梦，但又不是梦”的宫崎骏？这些回答都没有错。这些大师和他们的作品所带来的震撼意义表明，东洋元素的“极少表达才能蕴藏最大限度的意义”（铃木大拙语），颠覆着西方世界对美的传统定义。

但问题的深层在于，这些颠覆又是如何完成的？其背后是否存在一以贯之或一脉相承的艺术精神？带着这个问题审视日本的艺术现象，我们便能发现，这和“西行之于和歌，宗祇之于连歌，雪舟之于绘画，利休之于茶道，虽各有所能，其贯道者，一也”（松尾芭蕉语）是相通的。那么这里“一”的含义是什么？又是指向什么？“寂风”——一种时间之寂，纳入了我们的视野。也就是说，在这些艺术的表象背后，有一种一脉相承的时间之寂包含其中。

2

那么，何谓寂呢？

日语“寂び”（sabi）一词的原型来自“荒ぶ”。以“荒ぶ”为根干，又生出“錆び”（sabi）这个动词，表示金属生锈之意。一个寂，一个锖，两个看似互不相干的汉字，日本人使其共通之后，生出这样的含义：生锈的器物带有寂感；用寂感观察生锈器物，这个“锖”则从物理意义转向了人文意义。问题在于生锈之物怎么看都有“朽”相，从这个意义上说，寂与朽也属同义。闪光透白的器物上的铜锈，呈现扑簌扑簌的腐朽之相。在本体消灭与消失之前，就是寂。即是说，注视着过程的终焉，到腐朽为止的时间内，让想象奔腾起来的就是寂。

这样来看，无论寂也好，锖也好，朽也好，让人感觉到的都是孤寂、孤高、闲寂、空寂、寂静、空虚、老旧之意，再稍加引申，就有了单纯、淡泊、清静、朴素、清贫、苍寂之意。正冈子规曾在《岁晚闲话》中评价松尾芭蕉的俳句《过冬》，说“倚靠房柱上，度过了一冬啊”乃“乾坤之寂声”。照美学理论家大西克礼的说法，就是芭蕉以“寂”作自我超越的同时，又安于“寂”，并享受之。这是了不得的“真人气象”。

因为寂与荒、锖、朽同格，故又表现为在惬意里触摸到的禅意，处于不可言说之状。与悠然望天、享受闲乐的“侘”又有不同。这里有理解上的难度。但看了以下这些文字，就会理解何谓触摸到的禅意。

千利休作茶会，以朝颜花（牵牛花）为观念，但他的反常在于连夜将所有的朝颜花拔去摘尽，只留一朵在茶室。这是远离一切，让出空性的寂。

青苔不只是老林湿地的专利，它还在庭园的地面、庭石、石灯笼、蹲踞、庭木上，还在青石板的夹缝里，故意且顽强地作苍然古色。将苔藓巧妙地用于园艺中，表露出一种美意识，世上没有一个国家能胜过日本。青苔表现出的刹那与悠久的两面性，其实就是寂的禅味在起作用。《平家物语》中有“岩石青苔，寂之所生”之句，可见日本人早就将寂视为一种审美情趣，并企图用“寂”这个词，来击破人与物之间的心理定式。

日本多数居酒屋是不起眼的外墙，不起眼的招牌，深入其内部，则更为昏暗、更为粗粝、更为简素、更为清贫，靠微弱之光照亮菜谱上的那一点，照亮用餐者那一脸的心绪，大有隐于市、息于闹的孤傲。寂的低调美学让你缓慢地运作自己的感官，将驾驭与操纵、琐事与尘嚣暂时丢弃在挡风遮雨的掩蔽处。

日本人非常在意经过时间过滤的器物。这并非是古色古香本身诞生了市场价格，而是古色古香积淀了历史与人文。如川端康成所用的砚台渡让给了三岛由纪夫。而在川端之前是夏目漱石持有，漱石之前是吉田松阴持有。流动中的静止，静止中的流动，在惊魂中感受时间之寂。

而描绘死与生的能乐，干脆将寂涂上另一层美的含义，从老旧物体（人）的外表下，显露出充满岁月感的美——锖。虽老化、生锈，虽褪色、斑驳，也无法阻挡一种震撼的美。

这样看来，寂是对永恒性进行质疑的占卜师，但又是永恒性的热心助产婆。它看中的是短暂的瞬间美。如经过岁月洗涤与浸润的物体，让你感受瞬间的永恒之震荡。如樱花短暂绽放，又随即凋谢。这里的震撼来自于永恒，这里的永恒发端于震撼。如果说侘是朴拙，那么寂就是古旧。前者是富贵豪华的敌人，超越外在。后者是亮丽青涩的敌人，挑战时间。

3

在清少纳言的笔下，寂是在写雪月花时，出现的“一只蛤蟆，窜入火焰中，烧焦了”。在和泉式部的笔下，寂是世事无奈，竟比梦境还令人难以思透，故人只能“在悲叹中打发时光”。在松尾芭蕉的笔下，寂是古池、青蛙和水声的组合。这里的设问是：存在与时间孰先孰后？语义转换一下，也就是古池与青蛙孰先孰后？古池是历史的存在，青蛙是时间的存在。而当青蛙跃入古池，随着“扑通”一声水响,这里的历史与时间合二为一。原本幽寂的古池(历史)被落寂的青蛙（时间）搅得惊天动地后，又回归万籁俱静。存在与时间又被闲寂罩上。这是永恒的寂。俳圣芭蕉的艺术着眼点，在于从瞬间的声响体会永恒的寂，从存在的节韵体会幽玄的思。在国木田独步的笔下，寂是秋雨、寂是冬枯。他在名篇《武藏野》中写道：“秋雨时断时续，雨滴洒入林中，枯叶上水声嘀嗒，分外寂寥。”“一夜风雨，遍地荷叶。田禾收割已尽，满眼冬枯景象，备觉凄凉。”在德富芦花的笔下，寂是“古钟楼上，夕月一弯，淡若清梦”，更是“夕阳落于山岭，一鸦掠空，群山苍苍，暮色溟溟”。

当然，不可忘了繁华落尽后的如梦如幻，芳华正茂之龄却落发为尼，长伴青灯古寺。真可谓或荣或枯皆野草，夏去秋来魂自消。这优美而哀伤的“青灯绮梦”,就是《平家物语》中最为耽美、最为伤感、最为动人的寂——祇王故事。

当然，从日语本身来看，有如此之多的“枯”字的词汇：枯蔓、枯苇、枯桑、枯芒、枯柳、枯菊、枯萩、枯莲、枯木、枯叶、枯冬、枯野、枯草、枯霜、枯葎、枯芭蕉、枯芙蓉、枯山吹……这些带“枯”字的词具有将幻想具象化的情趣，它们之所以如此杂多如此细腻，也是寂的元素在起作用。

其实，日本人“一期一会”的本质也在于寂。无论是品茶还是品空间，无论是探寻历史还是淡然消暑，无论是拥抱自然还是感受时间，茶室里惜情惜缘的涌动，写意出的是一个寂字。夏季的中午时分，酷热与蝉噪；冬季的夕暮时分，飞雪与鸟鸣。“心景”中的一期一会，期待的是时光的倒流，青春的再现。一生中同样的光景不会有第二次，所以要好好珍惜当下才是。这个珍惜当下，恰恰是被时间之寂击中的人性中最为脆弱的部分。于是，寂成了归属眷恋，成了心灵疗伤。一期一会的伤感之谜就暗藏在这里。

谷崎润一郎的《阴翳礼赞》，薄薄的一本小书，将“暗”的物理和文化讲得最透。原质粗糙的材料，长时间使用带来的损耗，漆器汤碗盖在打开时，碗底深邃的阴暗和大酱汤悄无声息地沉寂不动，透出的是一种非常微妙的焦虑：岁月在不知不觉中流逝，会不会走出这家料理店时已成白发老人？令人怀有一种对“悠久”的恐惧。

创立于一九八〇年的无印良品，它的人气源于大道至简、大象无形之气。这便宜且实用的生活杂货，背后支撑的是物质贫乏精神丰饶的寂色美学。这种带寂的极简主义与西方极简主义的差异在于：表面看都属崇尚简约，但内在的驱动力不同。一个是心灵与自然的互动，一个是刻意内敛的结果；一个是感性孕育下的不规则，一个是理性驱动下的规则。

日本有四叠半的榻榻米房间。这里导入的“半”，硬是将整数变成了非整数，将完成性变成了未完成性，将日常性变成了非日常性，将有限变成了无限，照九鬼周造的说法，“半”的导入达成了“排他的完结性”和“求心的紧密性”，从而营造了一个与心向相通的“寂的空间”。在这个空间里，人要做的唯一一件事就是单纯地无限地空想。当然这也是寂的要求与结果。

4

问题的另一面在于，这种寂的和风艺术何以令人共鸣？而且这共鸣还来自于不同的文化背景和文化素养。原来，在看尽繁华之后，在看厌亮丽之后，无常与无奈仍然是人类挥之不去的精神的“阴翳”。而寂的和风艺术则具有心灵疗伤的效应。这是否就是奥秘所在呢？因为日本美的意识的积淀，在很大程度上是从对事物的伤感中抽出作为实体的事物，只留下伤感，并逐渐由闲寂、古雅滑落至唯心的倾向。如三味线的声响中，有一半以上是拨音，音质非常浊。原因就是要达到抽出实体只留下伤感的效果。给人寂味感觉的，正是从浑浊的拨音中流淌而来。这才是能够打动人心的最强有力的东西。再如花道大师川濑敏郎在《一日一花》中，用充满山野之趣的花草，装点生死不一的三百六十五日，并着力诠释“最高的技巧即没有技巧”，在不着痕迹中传递着花的记忆与人的记忆。这种看似不着边际的“自然野趣流”，恰恰是用时间之寂日日疗伤的无常与无奈。

这种时间之寂，在美学理论家大西克礼的笔下被作为“风雅之寂”来追求。因“寂”而“风雅”，或为追求“风雅”而刻意寻求“寂”，这就是松尾芭蕉谓之的“顺势造化，回归造化”，川端康成谓之的“日本美”精髓。对寂的迷恋即是心绪的驱动。用心造化，转化一个简陋粗俗的外物，再构筑的将是一个祈祷过的心灵世界。

顽石、老树、古井、荒川……这种时间的积淀，对人而言是老龄，对物而言是沧寂。歌德说过，所谓老龄就是生理表现出的逐渐衰退的现象。但趣味性在于当人步入生理的衰退期，寂之心也纳入观念的构造中。所以日本人说年轻则无寂，就在于寂之心还在构造中，古色古香遭遇着感性的唯美抵抗。积淀时间之物，在年轻人的眼里难以形成沧寂的意象。而在老龄人的眼中则万物皆宿命。也就是说，同样在那鲜活流动的生命体验中，有人就能感受到一种如同深渊一般苍古幽寂的东西。如“黄昏，白茫茫的大海，一声鸭鸣”，“秋日黄昏，一只鸟，栖于枯枝”，“春将归，鸟啼鱼落泪”。这“一声鸭鸣”“栖于枯枝”“鸟啼鱼落泪”都展现着一种观念的诞生：寂才是人的最好藏身之地，才是使人免于疯狂的艺术装置。

变旧、变老、衰朽与烟熏色、靛蓝色、深黯色相通。这是日语中“寂”字的主要含义，而这个含义恰恰是汉语中不具有的。汉语中的寂静、寂寞、寂然等空间范畴，并不是日本人所言的寂的真髓。由寂带来的变旧、变老、衰朽，指向的是时间。而恰恰只有时间，才能更深地扯动人的神经。因为人即使拥有再大的本领，也不能使时光倒流，使岁月重现。还有比这更感伤的吗？可能也是由此之故，在感觉中的时间的意象也最为触动人心。夕阳衰草，古原断鸿，每每引起今古茫茫之感；春草连天，春梦如烟，每每予人无端的感动与莫名的哀伤。这也是老丑而枯瘦的时间之寂还能生出惆怅与留恋的原因。残月更美，落樱更艳，分别更思，就是在时间中注入了生命，注入了体验，所以才有凡寂即美的思维定式：枯朽稀疏的老松是美的，苔藓满目的铺石是美的。生命本身也在感悟本体和永恒之中才拥有意义。

因为时间的流逝，显现出人生的无常与无奈，这无常与无奈就是寂不可拆卸的心理结构。九十岁高龄入日本籍的原哥伦比亚大学教授唐纳德·基恩说过，日本的木质寺庙和塑像，并不追求对抗时光的不朽，相反，那些能够揭示无常的褪色与印痕更会得到特别的赞赏。

5

京都的净琉璃寺是欣赏红叶的名所。整座净琉璃寺如果以水池为中心，则水池以东安置着关照现世利益的药师如来的三重塔，水池以西安置着引领人们走向彼岸的九体阿弥陀本堂。每逢春分和秋分时节，人们从药师如来那里眺望太阳升起，在西方净土的本堂眺望太阳西沉。而本堂的后面是大片墓地。也就是说，池东端是此岸，池西端是彼岸。西端的彼岸种植了大片红叶，披上晚秋夕阳，满眼生辉。这里引出一个问题，日本的红叶为何大都种植于西端？如天皇隐居的仙洞御所的西边也有红叶山。其中一个理由便是西端的方位是彼岸。一簇簇一片片如火焰般的红叶，竟然也会枯朽败落。虽属不可思议，但也是死的意味、寂灭的意味，正好重叠着西方净土与晚秋夕阳，重叠着闲寂到寂灭。

归纳一下日本人的寂，可以得出这样的逻辑线索：寂——荒——锖——朽——幽界——寂灭。值得注意的是，日本人认为寂的未完成之美，最终都要走向幽界的入口。人在诞生的瞬间，背负的就是面向死亡的命运。但正因为有死的伴随，才表现出生的珍贵。寂表现出的“未完性”恰恰是对“永远不灭的保证”。从这一意义上说，我们又在质疑，在岁月面前人真的无能为力，无所事事吗？时光真的不能倒流二十年、三十年吗？松浦弥太郎有《日日100》、川濑敏郎有《四季花传书》，他们用时间之寂，第一次将这种不可能变成了可能：寂是在自己的时间里加入生命的体验，这是一种生活的艺术。

其实，时间之寂是叫人们诙谐而又优雅地面对老去，然后在心中装进一个真实，加以珍藏，哪怕这真实只是个最旧、最破、最脏的布偶。这就是寂灭的最高境界。从这个意义上说，后现代的精神之乡或许就是回归日本的侘寂美学，因为这里具备了怀旧与感伤、枯竭与褪色的一切元素。

閒

“间，隙也。从门，从月。

夫门夜闭，闭而见月光，是有间隙也。”

日本人则说，间分离了黑暗与光明，

处在白昼与黑夜中，

还隔绝了神界与冥界。

它是宇宙的本质，更是生命的循环。

1

味道好其实是生命力的效用。放入口中的食物感到好吃，是因为与生命相连。从大自然中采摘的野菜和果物好吃，原因在于它鲜活的生命力。加工食品之所以不好吃，就因为失去了生命力。

品味茶的味道，能感觉到幽玄的生命力。茶道所有的根底在于生命的幽玄之味。如果没有这个根底，茶道只不过是一个空洞的形式。每天吃茶，每天与自然的生命力接触，因此产生无法替代的喜悦。而生命的幽玄之味，又是什么使然呢？

如果要问幽玄的生命力来自何方，日本人会说来自于“间”。这里就显现出日本人独特的思考。

学者剑持武彦写的《间的日本文化》中，“间”被描写为一种文化，更被描写为一种思维的姿态。这是新意所在。

这位学者说，中国人和日本人在自然观上有差异，原因主要与间有关。中国人将自然解释为二元论，体现出成双配对的思想。日本人则重视这二元之间的“间”。反映在造型艺术上，中国人喜欢左右对称的形态，日本人则更倾向于庭园里的飞石和枯山水，即自然山水自身形态的复写。中国山水画的空白是要表现言外之意和意外之物，日本人的空白观则是间的内在化，是一种对一无所有的期待的延伸。总之，万物有灵，自然有间，是日本人感受性的最大看点。

2

毫无疑问，“间”是汉字。但这个汉字在日语中有两个读法，一个是“あいだ”(aida)，一个是“ま”(ma)。本来这个文字的上古汉音读“kan”，吴音读“ken”。这样的表音和表意输入到日本后，日本人创造性地给它生出了两个读音，一方面表明了对“间”字的共有，一方面又生出带有区别性的独特意义。

在日本的日常生活中到处可见由“间”字组成的词语和短语。如：

合間、隙間、束の間、人間（分别意为空闲、间隙、瞬间、人类）；

手間取る、間もなく、する間もなく、あっという間に（分别意为花费工夫、不久、很快、一下子）。

有单词，有复合语。内容从表现空间到表现时间，复杂多歧，潜伏在生活的各个层面。

能在日常语言中出现这么多“间”，也表明问题的不同寻常。一定是深入到骨髓里的东西，才借助语言这个魔方来表现。

汉语在表示“中间”“之间”的“间”的时候，英语在表示

“between”“distance”之间的“间”的时候，表明是在两个以上的物体的两端之间，有着较为清晰的区别。但同样是“间”，日语所用的“あいだ”和“ま”，给人的印象是物体的两端是不明确的，含糊的。不知道从哪里开始，到哪里结束。这种日式的暧昧全都包含在了日语的“间”里。

一般而言，间的“あいだ”更注重人际关系，间的“ま”更注重物的秩序形态。前者是磁力，后者是磁场。

过去日本乡村的风景之一是水车。所谓水车是用水管引水，在“扑腾扑腾”的慢悠悠的声响中回转，是人与自然的媒介。动与静，远与近，就如人的呼吸之妙。尽管在今天看来，水车是很遥远的故事，但人与自然的融合、水车的回转所表现出的非连续性的连续性，这个“间”的过程给人印象深刻。

物理的连续性的理，渗入了“间”这个非连续性的理。空间应该是连续性的，但在这里设定了一个间，不是强行而是随意地中断这个连续性，使其不再连续。这就硬生生地腾出了一块空间，一块连续性与非连续性的空间。空间虽然渗入了非连续性的要素，但从全体来看，还是具有连续性的，也就是非连续性的连续。

时间也是这样。照理说时间是不以人的意志为转移的，你感觉到也好，感觉不到也好，它还是分分秒秒地匀速消失。但在这里介入了人为的间，导致了连续的非连续性时间的产生。这就是时间上的间。

就像松尾芭蕉有一首《草庵》诗云：

花云缥缈，

钟声来自上野，还是浅草？

对生活在江户时代的日本人来说，每天意识到的不仅是分分秒秒时间的流逝，还跟随着梵钟那一打一敲之间的“间”这不可思议的感觉。于是芭蕉把这种感觉写在了纸上。隅田川两岸美丽的樱花笼罩在薄云当中，又听到从远处传来的沉沉钟声，是来自上野（宽永寺）还是浅草（浅草寺）？显得无从把握。

3

明治时代著名诗人石川啄木有一首短歌。

東海の小島の磯の白砂に

われ泣きぬれて

蟹とたはむる

这是日本人非常喜欢的一首短歌。二十四个文字，三十一个音节，简洁清爽，却给人一种连绵起伏的节奏感。

这首短歌周作人曾经翻译过：

在东海的小岛之滨，

我泪流满面，

在白沙滩上与螃蟹玩耍着。

译文也保持了简洁清爽的诗风，但怎么读也读不出原诗那种轻巧的节奏，就是因为没有把“间”的气韵翻译出来。

这“间”的气韵,在原诗中体现在一个“の”字上。一个“の”就是一个停顿，就是一个呼吸，就是一个深深的懒腰，或者就是一个哈气。连续三个“の”，可见其起伏性有多大。

“の”的汉译一般为“的”。如果置换成：

东海的小岛的矶的白沙

韵味如何？全然没有“の”字来得鲜活。可见，“的”字有时并不能替代“の”字。

如果去掉“の”又如何？就成了：

东海小岛矶白沙

有“间”的味道了，但还是没有“の”字来得润滑，来得灿烂，来得深刻。

日语妙就妙在这里。英语里与“の”相对应的是“of”，但是能看到连续使用“of”的句子吗？在“の”里，展现的是所有被缩小的思维和形象。复杂成为简单，大变成小。

无限大的东海，上面有个小岛。小岛上有海滨。海滨上有白沙。白沙里发现了蟹，然后化作感动的泪水一滴。我们从中看到的是通过“の”被强行架构的思维：

东海——小岛——海滨——白沙——螃蟹——泪水

最后，逻辑的抽象就是从东海到一滴泪。

从巨大到极小的跳跃看似不可思议，看似很轻松，这里面起关键作用的是日本人特有的“间”的意识。没有这个“间”作为媒介，便绝对无法理解。

可能在周作人的时代，作为美的意识的间，作为动与静的间，作为时间与空间的间还没有被视为问题，所以他翻译出了没有“间”的感觉的句子。在写实上是成功的，在传神上则是失败的。

连续的“の”，一唱三叹，令人遐想无边。再举一例，有“前卫诗人”之称的北园克卫的《单调的空间》曰：

白い四角／のなか／の白い四角／のなか／の黒い四角／のなか／の黒い四角／のなか／の黄いろい四角／のなか／の黄いろい四角／のなか／の白い四角／のなか／の白い四角

中文的大意为：

白色的四角中的白色的四角中的黑色的四角中的黑色的四角中的黄色的四角中的黄色的四角中的白色的四角中的白色的四角……

满眼的“の”字，好像箱子里套着小箱子，小箱子套着更小的箱子，但就是没有最小的箱子，因为不会有穷尽，只有更小，再小，没有最小。最小就穷尽了，穷尽了也就排除了任何的可能性。

看上去像文字游戏。但是连续的“の”的运用，达到了无限收缩与有限停顿的视角的连续运动。这里起作用的还是“间”的韵律。翻成中文当然无味和无意，但是日语通过对“の”的倾心与强化，起到了料想不到的视觉效果和对连续性思维的训练。日本人不擅长对外的衍生与延长，向内再向内是其真功，所以喜欢用“の”字。特别是书名用得最为频繁。如京极夏彦的京极堂系列（《魍魎の匣》《姑獲鳥の夏》《狂骨の夢》《鉄鼠の檻》《絡新婦の理》等），“の”字的使用率达到了百分之百。学者养老孟司的书名也是大半使用“の”字。

4

以俳句为例，芭蕉有名句“古池や蛙とびこむ水の音”。

这是日本现有的俳句中写得最绝的一句。懂点日语、研究点日本文化的人，都孜孜不倦地想翻译这句经典，因此译文至少有数十种之多。

试看周作人的译文：

古池呀——青蛙跳入水里的声音。

再看郑振铎的翻译：

青蛙跃进古池水的音。

都属于一流文化大师的译作，但还是有人不满意。不满意者恰恰是中国汉字研究大师白川静。

这位非常有名的教授在《汉字百话》书中说，用"跃进""跳入"的词语，难以传神地表达出俳句的风姿，言下之意是说这种感觉是不能翻译的。

原来这里暗藏了日本"间"文化的密码。这首俳句从字面看是写"蛙跃古池"这一现象，但这仅仅是假象，问题在于"水音"这一非物理的感觉。以日本文化对空间的理解，这里的"水音"应解读为"余韵"。"余韵"则具有传播声音幅度的意义，并非单纯的"水音"本身，而在于声音传播的距离，"水音"也因此具有了空间的概念。此外，"古池"又有着时间的积淀，显示自然与时间相接，时间的概念也就自然而生。在这里形成了一个“古池”（时间）——“水音”（空间）的图式。

此外，俳句无论是对古池的描白，还是对青蛙入水的描白，都属于视觉的范围。然后进入青蛙入水发出声响的描白，就属于听觉的世界了。在这里又形成了一个“古池”（视觉）——“水音”（听觉）的图式。而这个图式的完成，标志着人的感觉从外指向了内。一旦指向内层，这首俳句的韵味就无穷了。

你可以幻想青蛙入水泛起的涟漪，可以幻想涟漪形成的波纹是多么有趣味，也可以幻想涟漪的波纹是如何慢慢消失的，幻想波纹消失复归的静谧和静寂。但这个消失不是彻底的“无”，而是生出无数个看不见的涟漪，组合成水池的静态。而这个静态刚刚形成，又一只顽皮的青蛙跌进了水池，又重新周而复始，但绝不是上一次的重演，因为涟漪的物理性是不可复现的。

总之，你可以一直幻想下去，直到再读这一句为止，才感觉到这是一场游戏，一场日本人设计的“间”的游戏。只不过芭蕉的俳句成了工具而已。就像任天堂又推出新的游戏软件一样，都是疲劳你的感觉、僵滞你的感觉，最后达到观念上的不战而胜。

一个永恒不变的象征——古池，一个瞬间跳动的生命——青蛙，组合成永恒与瞬间的想象空间，创造出一个动与静的宇宙。

从“瞬间跳动”到“瞬间一击”，再到“瞬间美”，实在是日本人精神心绪的再出发。

5

日本人不喜欢法律和讨厌打官司，都与“间”有关。

因为讨厌打官司，日本的律师队伍在发达国家中是最不发达的。在日本，律师赚不了大钱，甚至还不如满街挂牌的行政示书代书人（没有律师资格，但也帮人解决法律纠纷）赚得多，因为日本人讨厌审判，不习惯聘请律师。

有个奇怪的现象是法律不是日本人生活行动的秩序，常识才是日本人必须注重的秩序。常识高于法律。如果常识与法律有抵触，那就取常识。他们坚信这样做绝对错不了，这样的人才具有美的意识，所以日本人又是用美的意识来处理日常事务。

日本是同一地缘和血缘组合而成的，毫无疑问，其本源属于农耕社会。而在本质上属于农耕社会的日本人，基本思路是在发生争执的时候如果诉诸法律，结果必然是一方胜诉一方败诉。从表面看是用法律解决了问题，赢得了胜利，但日后必定会留下隔阂，产生不快甚至仇恨。而这正是他们最不愿意看到的。

日本人最怕有人在心里憎恨他，有朝一日在毫无预警之下突然袭击，所以尽可能避开裁判。历史小说家海音寺潮五郎曾说过：过去我就对法律理论抱有怀疑。日本的法律讲的是歪理。一审判无罪，二审会有想象不到的重刑，三审还是无罪，怎么会这样，没有人知道。

这和复杂的多民族国家美国以及欧洲各国不同。以法律为基盘的契约思想，是他们的社会得以运转的前提。《圣经》里雨后彩虹的故事就是神与人签订的契约。

庭审的判决依据审判员的合议，合议的结果依据多数的决定。但日本人就是不喜欢这个“多数决定”的原理，甚至是讨厌。在以往的乡村集会上，即便只有一个反对者，也要尽可能避免，耐心说服成了他们的天然习惯。对村落共同体来说，只有一个异己分子存在，也是令人头疼的。过于强调自己主张的人越多，村落共同体的维护就越难，所以必须全场一致。共识在这里起到了决定性的作用。而所谓的共识，其实也是间的另一种表象形式。鲜明的黑白二论，显然的胜负二论，在这个“间”的面前变得模模糊糊，云里雾里。而日本人就是喜欢这模模糊糊、云里雾里的感觉。像日本习惯透过障子（家中糊纸的拉门）窥视外面的明亮世界一样，总是朦朦胧胧，非晴非阴。

欧美国家最规范的语言文本是法律文书。但在日本，法律文书则被视为恶文。这也是“间”的问题。因为法律文书的句子一般都很长，如果“间”设定太多的话，理论的整合会出现空白，意思的连贯会出现问题。所以日本人在制定法律条文的时候，会尽量避开“间”的节韵。而一旦避开了“间”，日语独有的“间”的感觉就丧失了。

为维护人的权益制定了法律，法律保证自己的权益不受任何侵犯。这个感觉是有了，从中所受的恩惠也多多，但就是不喜欢法律，甚至讨厌法律。这是日本人矛盾的心情，一种很奇妙的心相。

日语本质上是避开明说的语言，是构造感觉空间和情绪空间的语言。这个要因的形成表面看必须在日语自身的构造中寻找，但实际上还是来自于日本人独特的心绪。无法用语言表现的空白部分就是间的构造。用间来排列形象，打造“腹艺”的空间，很好地表现了日本文化灵活的包容性的一面。而这恰恰是日本文化骨子里的东西。

著名导演小津安二郎在处理对白的时候，人物几乎不面对面说话，而是常常背面而坐，漫不经心地看着天地而聊，看似寄心悠远，其实是一种日本人都明白的“腹艺”的“间”。淡淡地看着云彩，或者让镜头静静地定格在晾满衣服的衣架上，是小津的经典画面。这使得他的艺术内涵更日本化，充满灵活的包容性。

日本人有一个特点，对有人碰撞自己十分敏感。无论是在拥挤的电车里还是在人群熙攘的街道上，只要稍微碰上，他们都会回头张望，一副警惕状。他们不习惯陌生人直接的碰撞。反映在礼节上，西方人是握手、拥抱、接吻，日本人怎么也不习惯。再怎么脱亚入欧，在这一点上也丝毫没有进步。他们的礼仪是保持距离的弯腰，弯腰的程度则取决于对方的重要程度。然后是交换名片。日本人一旦交换了名片，才有安心感，似乎在心理上找到了与陌生人之间的那个“间”。名片成了间的媒介，更成了一种灵活的包容性的媒介。所以日本是名片的消费大国，一天消费的名片数量据说有五百万张。

6

初始发生于自然。问题是，从自然发生的初始又如何结束？

在自然中没有结束，这是日本人的自然观。他们把这种自然观套用在生死观上。

死就是结束。这是西方人的思维。中国人也说人死如灯灭。但死并不是结束，而是回归自然。这是日本人的心绪。

他们都有个基本的想法，死后期望埋葬在家乡的土地上。到日本各地旅游，可以看到山村的墓地就在村里的小土丘上，渔村的墓地就在渔港的高台上，市区的墓地就在居民区的周围。

生者的生，必须由死者在更高的地方来守望。这是日本墓地的哲学风景。祖先的灵有子孙守护，子孙不忘对祖先的祭祀。死者和生者的意识并没有因为死亡而断绝。日本人骨子里有很强的家灵信仰，即便是现在的核家族①时代，这样的信仰也照样鲜活。他们一般拒绝埋葬在死去的地方，期望家人能把遗骨带到诞生的土地上埋葬。如在海外发生空难，基督教信仰者和日本遗族对遗体的应对和处理是截然不同的。

初始和结束体现的是生命的圆形构造，而不是生硬的直线。这是典型的农耕民族性格使然的意识。也就是说，结束是向初始还原，死是向生还原。在故乡的土地出生，在故乡的土地死去，体现的是

①由夫妇两人或由夫妇与未婚子女组成的家庭，是构成一切家庭形态基础的最小单位。

还原的连续性的间。故乡的风声、松涛声、流水声，这些自然的声响与人间语言相连，从而生出一种对故乡土地难以忘怀的心情。日本人心中最难以取代的地方就是故乡。

很多年前，在红白歌会上，歌手森进一用发自肺腑的声音拼命喊着“妈妈哟，妈妈……”，唱得多少人老泪纵横。日本听众将自己的身影与森进一的身影重叠在一起，为其送去狂热的掌声，同时也在幻想着有朝一日衣锦还乡吧。这“有朝一日”，就是生死圆形构造中那个瞬间的“间”。

7

内与外、中心与边缘、物质与非物质用什么来遮断？砌道墙或者放排屏风，抑或拉起一块布，这些都是不错的想法，但是日本人想到了玄关。

何谓玄关？就是有人要从外面的世界进入里面的世界，在进去之前，先静气修身，调节心情，这块小小的空间就叫玄关。从这一意义上说，玄关又隔离了内部与外部的空间。

虽然玄关狭小，一下便可走到尽头，可人们心中却希冀并幻想着那不是尽头，而是一片昏暗朦胧的空间。于是在心理上无形中造就了一小片空间。不经意的驻足，缘于意识到了那儿有个玄关。有了这种意识，才会有玄关这个“玄妙空间”的存在。

玄关原是佛教用语，指的是禅宗寺庙的入口处。据说这个词又有严格的禅道入门的含义，修行的僧侣们非常注重玄关，将其视为修道的第一步。到了十七世纪，日本的武士们开始在宅邸的进门处建造一个带有式台（台阶板）的空间，并将其称为玄关。后来，一些富商的住宅中也开始建造玄关，之后玄关便渐渐普及到了一般民居中。

因为是从屋外到屋内的唯一通道，是洗涤尘世的唯一空间，所以在日本人眼里，玄关是家居中格调最高的“圣域”。人们多用鲜花或其他装饰物来装点玄关。因为是“圣域”，规矩也较多。例如在访问他人家庭的时候，须在住宅外面脱去大衣和帽子，整衣后再进入玄关；参加葬礼回来，要在身上撒些用以洁身的盐，拂去污秽后再进入玄关；脱下的鞋要鞋尖对齐朝向门口，同时鞋子须摆放在稍微靠边的一面，不能放于中央。还有，有些客人只会站在玄关聊上几句，有些客人则会受到邀请，登堂入室，这全在于主人对外与内的感觉的把握。

从外（世间）到内（家）必须通过玄关，从内（家）到外（世间）也必须通过玄关，玄关就成了调节人的精神心相的一个出入口——“间”。在玄关必须脱鞋，是因为要进入一个与俗世完全不同的世界。脱鞋的行为不仅仅是准备进入的意思，还有打算脱离刚才的俗世的意思。这就像到寺庙朝拜，进入前也必须通过玄关，象征从世俗的世界进入宗教世界，所以在玄关脱鞋具有重要的象征意义。这很像潜水艇和宇宙飞船的减压舱，减压舱也是连接外部和内部的必不可少的空间。玄关的间文化既是区隔的，又是连为一体的，以区隔表示联系，又以联系体现区隔。它象征了一种自在与圆融，更是表现了日本人最为独特的精神底色。

文化学者田道太郎在谈及日本人生活中的美学时，就以玄关为例。如在叩门时，日本人都会问“どれ”（谁呀），接着便从房屋深处走来，因为“ど”字能表现出一种由远及近的感觉。过去日本人的房子宽敞，庭院幽深，因此客人叩门时，他和主人家的成员之间有一定距离，应门者须缓缓地缩短这种空间的距离，这是“交往”时的一种节拍和步调，在玄关迎接客人能体现这种步调。人与人之间如果一开始就近距离交流，很容易导致不愉快发生。所以即便主人当时就在玄关附近，也会说着“谁呀”出来迎接。这种由远及近的心理感受，就是日语“玄”字蕴含的深刻含义。

8

无文字，无语言，在禅宗里表现为“不立文字”。有时候，这反倒比有文字，有语言来得深刻和直观。

中国的人生哲学书《菜根谭》，有一段这样说：

> 人解读有字书，不解读无字书。
>
> 知弹有弦琴，不知弹无弦琴。
>
> 以迹用，不以神用，何以得琴书之趣。

这是说世间之人只知道读有文字的书，不知道读无文字的书。只知道弹有弦的琴，不知道弹无弦的琴。只知道形，而不知道精神之用，这怎能得到琴书之趣呢？

日本人对《菜根谭》这部明代作品很感兴趣，早在一八二二年就翻印刊本了，之后各种版本不下数十种。一说是因为合他们的心绪。如上段话语中的“无字”和“无弦”的中间，实际上就内含了“间”的意识。仅仅关注固态的现象，对鲜活的生命来说是应该警惕的。此外，日本人还喜欢《菜根谭》里这句话：

文章做到极处，无有他奇，只是恰好。

人品做到极处，无有他异，只是本然。

怎样才能做到“恰好”？怎样才能应对“本然”？日本人在这方面是得心应手的，因为他们有“间”的思维定式。实际上，这里的“间”强调的就是无言之美，余白之美。

再从音乐来看，如果说西洋音乐是“音”（节奏）的艺术的话，那么日本邦乐则是“间”的艺术。他们在音乐世界里注重音与音之间的“间”，也就是所谓“间拍子”的艺术。当然，音乐的紧张感来自于音与音之间的空白或休止，这对紧张感的制造有推波助澜的效果。这不仅仅是邦乐所独有的现象，西洋音乐对此也有上乘的表现。但不仅仅停留在空白和休止上，更为动态的演奏，也就是邦乐特有的“设置间”“延长间”等做法，使音乐的表现力更为丰富和具有内涵。

所以我们在欣赏日本音乐的时候，总有一种不够流畅的感觉，现在看来这恰恰是间的艺术体现。这正如井尻益郎在《间的表现构造》中所说：在听到一个音的时候，实际上这个音表现为不能听到的效果——这才是自己心中的音。所谓听才在这个意义上成立。这两者间的微妙调和，从根本意义上展现了音的“间”。如此说来，西洋音乐中使用的节拍器似乎也有测量“间”的功能，但是日本音乐绝不能用测量来取得独特的“间”的效果。

再看绘画。西洋的绘画喜欢用满视野的全彩色图法，留白不是他们的思维本质。而日本画讲究留有余白，讲究调和。日本的留白是真正的留白，什么也不画。但这里的留白绝不是无意义的，而是间的内在化。这方面的作品有雪舟的《破墨山水图》、长谷川等伯的《松林图屏风》、尾形光琳的《红白梅图屏风》、圆山应举的《雪松图》、横山大观的《初夏竹林》、酒井抱一的《夏秋草图屏风》等。这些作品真可谓空灵寂静，悠远淡然。

9

在武道中，有“剑圣”之称的宫本武藏在《五轮书》中讲过兵法的节拍：

> 兵法的节拍有多种，有大有小，有和谐有不和谐，有慢有

快。将节拍应用于兵法，就是在掌握敌人的节拍时，用敌人意想不到的招数打乱敌人的节拍，同时用自己的节拍进攻。悲剧的发生，有时正是某种固有的节拍发生了紊乱所致。

这里比较难懂的一个概念是“节拍”。武藏强调说：做任何事情都有节拍。无形抽象的事情也是有节拍的。像武士这个职位，在服侍主公时，有晋升的节拍，有贬职的节拍。这个节拍是指固定的规律和节奏吗？还是指某些征兆？它翻译成英文是“timing”，或许还有时机的意思。其实《五轮书》的精华全在最后的“空之卷”中。武藏在全书的序言中就说：“当你明白了一个道理，却不再被这个道理所束缚的时候，那就是空。”从这个角度来说，空应该是一个将某种原则和道理完全内化的过程。

打乱对方的节拍，是为了确立自己的节拍——间。这个间就是节拍与节拍之间的“间”，在胜负的世界里是决定胜负的至宝。这个意识一直流传至今，渗透到日本各项体育竞技中。实际上在日本人看来，物与物之间的“间”，动作与动作之间的“间”，与其说是空白的话，倒不如是两边有东西将两者串联起来，这更接近于间的解释。这也是西田几多郎[①]所说的“非连续的连续时间”的深意，也是武藏所言的“真正的道”——“就是直道而行，永远保持一颗率真的心。这样的心可以扫除无数的阴影，帮助你看清天地间的万

①日本最具代表性的哲学家之一，著有《善的研究》。

物——这就是空的境界”。

10

歌舞伎是日本古典戏剧的一种。它的特点是角色在台上只管表演和道白，歌唱和剧情解释则由别人担任。女角由男演员扮演。

歌舞伎中有黑衣和跟班。前者是指穿着黑衣，负责照料前台的人，后者是指跟在演员后面负责脱换衣服、递送小道具的辅助之人。

舞台本身自始至终作为一个独立的完整世界而存在。在这个世界中突然大摇大摆地出现一个毫不相干的人物，尽管他身着不引人注目的黑衣，也实在亮眼。当演员表演完一节舞蹈动作后，转向后台或者取换手中的道具，或者套上一件衣服，或者擦拭汗水。黑衣和跟班开始上场，活跃于舞台。由于黑衣和跟班的出现，使得舞台的幻想世界遭到破坏，观众从原本的梦幻境界被立即拉回了现实世界。但就是这个看上去的“破坏”，实际上扮演了“操纵者”的角色，为下一节下一曲的演出做好了准备。观众也从昏暗的影影绰绰的黑衣活动之中，得到了心理上的“间”。黑衣在木偶剧中是偶人的操纵者。木偶剧中非有他存在不可。而歌舞伎的发展源于木偶戏，从这点来看，黑衣和跟班从木偶操纵者演变过来的可能性很大。

再来看看日本古典舞台艺术能乐的表演。在能乐的舞台上，表演者在舞台走上一圈就表示更换了场所。在鼓的敲打和笛的演奏上，讲究“一打一音”后的停顿，直到余韵结束为止。也就是说，能乐重视余韵的效果。这里不单纯是音乐本身的构造表现问题，更是有意识地利用这个“一打一音”的停顿来表现主题。从表面看，这“一打一音”切断了连续性，光靠它也成不了音乐，但它表现出了十分充足的“间”，连接了人们的思绪。鼓音在消失的一瞬间有一种紧张感。恰恰是这种紧张感超越了常识，隐藏了无限的可能性。

11

绕了一个圈子，再回到问题的原点：究竟什么叫间？或者间为何物？

原来所谓间就是柱与柱之间的距离。留下空白即为间。

或者，你也可以把它理解为日本的建筑用语。《宇津保物语》是十世纪后半叶平安时代的作品。书中记载一个“间”的地方，立上四根柱子。柱与柱之间的长度用“间”来表示。

而用“间”表示居住面积大小，则初见于室町时代的《家屋杂考》。里面记载一坪（相当于三个平方）的地方用“间”来表示。

如果说平安时代用“间”来表示长度的话，那么到室町时代，“间”则成了表示面积大小的用语。日本的居住从“柱的时代”走向了“间面的时代”。

在柱与柱之间究竟要间隔多少？要保留多少的长度？没有现成的文本可遵循。如果太宽则不安定，如果太狭窄则烦心，所以变得困难。决定柱与柱之间方位的人，要有一种以绝妙的距离感为依据的美学诉求。在“间”这个绝妙的距离感觉上，与此同义的恐怕是须臾或刹那等表征时间短促的词语。像西洋乐谱那样锁定严密的记号，是不可能生出这种感觉的。

所以，从这个意义上说，不是什么人都能对“间”产生感觉。只有对微妙暧昧的空间感和特殊的时间感有感觉的人才能体会。能从无意识中割裂出完整的数值，绝对是天才之人。无音的余韵是“间”的绝对条件，而单纯的熟练和技巧难以构成“间”。“间”排除了熟练和技巧等并非无意识的东西。

所以学者明石散人说，在日本的境地之中，最上位的文化就是间。这个字的真意或许比幽玄、侘寂更为深刻。在他看来，以前日本学界有说法，认为间是日本音乐和舞蹈等期待的节奏，需要的休拍和句与句之间的间隙。或者说，间是为了延续舞台的余韵，在台词与台词之间放置的无言的时间。这只能说是个误解。在明石散人的眼里，间是另外的世界，是异质的世界。

12

川端康成的名著《雪国》的开首句，许多人都会吟诵：

国境の長いトンネルを抜けると雪国であった。

翻译成中文是：

穿过县界长长的隧道，便是雪国。

从中文看，是相当贫瘠的一句话。既没有余白，也没有余情，更没有余韵。但是日本人为什么喜欢呢？

原来日语和汉语的感受性是完全不一样的。这句开首语令日本人狂喜，就在于它既一气呵成，但又有停顿和休止的意味。这里的秘密在于一个“と”字。这个“と”字把阅读的语序和思路相当自然地给遮断了。而在遮断的同时，思路上又有内在的接续。从穿过到到达，在这里起作用的还是“间”的意识。而翻译成中文之所以平淡，就在于感觉中的“间”和由此带来的美的意识是难以再现的。

再来看看日语中的拟声词和拟态词。日本人对拟音和写声非常敏感，他们这方面的听觉器官也非常发达。这是列岛风土赐予人们的一项至宝。

种种表现感觉的语言，只有在日语中才会如此丰富。如表现疼痛就有“どきんどきん”“ちくちく”“ぴりぴり”“ずきずき”等，分别意为连续跳着疼、针扎似的疼、火辣辣的疼、一阵阵地作痛，都是双重的反复，反复的双重。把自然的天声巧妙地组合成一组难

以诉说的人语，而连接天声和人语的桥梁就是“间”。日本人喜欢这样的表现，固然与日语的发音记号平假名有关，但更重要的是日本人是个喜欢二拍子的民族。如日本人敲门是“咚咚”两下。两下过后少有停顿，再两下。而西方人是“咚咚咚”敲三下。日本人在朗读俳句与和歌的时候用二拍子，在读人名的时候也是二拍子。电视节目里搞笑的语言类节目也大都是二拍子。日本人活用二拍子，找到了他们自己的节奏与感觉。二拍子是最能表现非连续性的连续性的一种形式。

小林一茶有一句著名的俳句：

夜の霜しんしん耳は蝉の声

可译为：

夜霜重重，耳边吱吱有蝉叫。

外面是寒冬腊月，耳边还有夏天的蝉鸣声。内与外。边缘与中心。空间与时间。蝉明明不在冬天叫，但好像听到了蝉声。这里“吱吱”表现的季节的“间”，使得一茶的耳朵也有了接续季节的可能。

但问题在于如果滥用拟态词，日本人又认为不够品位。如在喜欢的女孩面前说，你的肌肤“すべすべした”（光滑）或“みずみずしい”（水润）的话，就不够文雅。应该说成你的肌肤像“天使のような”（天使一样），品位就不一般了。

13

间是看不见的日本，是原本那个日本的再发现。

间是日本流，是日本艺术的秘传。

世阿弥说，秘是花，花是间，间是命。这里的“命”指向的是艺术，是艺术之命。

日本的传统艺能都是间的艺能。能乐是典型。舞蹈、狂言、歌舞伎都是。从雅乐到常磐津，从民谣到小呗，胜负都取决于间。

但是现在的相扑比赛规定了“限制时间已满”。龙虎斗之前的读呼吸（观察周围情况）、寻时机被强制性地纳入到有限的时间内。又在规定的时间内转播，所以观众被限定住了。那个无限流动的东西渐行渐远。对此，日本人惊呼，相扑的“间”已经丧失，相扑的精髓已死。

唐木顺三这位明治时期的学识广博的知识分子，曾惊呼日本“型的丧失”。什么叫型呢？研究江户文化的大家西山松之助说，就是切断各种间。像音乐是切断时间，插花是切断空间，点茶中切断的是时间和空间那流动的轨迹。各种切断之后，沉淀下来的就是型。

这就像能的面具。那用柏木制作的宫廷仕女面具，是十五世纪以来日本人的表情。红唇黑齿，额卧双眉，眉眼之间，楚河汉界。“我孤独寂寞，似一苇飘零，曾与溪水相约，誓随之而去。”只有曲终人散，而没有落幕，那便是型，便是间。

西山松之助、林屋辰三郎、加藤周一、安田武、源了圆，还有户板康二、池田弥三郎、武智铁二、观世寿夫，这些日本文化人都在竭尽全力复苏已死的“间”，已死的“型”。安田武在《型的文化再兴》中说：现代日本文化是型的丧失。为了型的再兴，我愿赌上人生。

14

庄子说过：飞鸟之景，未尝动也。

飞鸟落地，鸟的影子是一幅静止不动的画像。这是一种思考时间本质的思维游戏。时间是什么？在庄子那里是无数被冻结的瞬间的集合体。

古希腊的哲学家芝诺也说过时间，提出“飞矢不动”的诡辩。他宣称：飞着的箭在任何瞬间总是占据与自身相等的处所，所以是静止不动的。

两千多年后，日本有个叫芝不器男的人，吟出了这样的俳句：

寒鸦飞落，
自己身影上。

一只乌鸦在荒凉萧瑟的寒冬飞落，正好站在自己的身影上。从

“鸟影不动”到“飞矢不动”再到“寒鸦落影”，构思相似，只是“鸟影不动”的命题关注的是飞鸟影子的动静，“飞矢不动”的命题强调的是飞矢本身的动静。而“寒鸦落影”关注的是寒鸦——飞落——身影这连续性的时空运动中的非连续性。寒鸦为什么能站立在自己的身影上？原来日本人觉得，飞的瞬间（时间）和落的瞬间（空间）之间，有无数瞬间的停顿。这可视的停顿就是“间”。所以，时间并不是本质性的东西，也不是连续的概念，而是瞬间停顿的概念集合体，就像寒鸦落影一样。

其实多少年前，屈原就已经敏锐地发出这样的疑问：

明明暗暗，惟时何为？

分开黑暗和光明、白昼与黑夜的，究竟是什么力量？实际上就是日本人所说的那个“间”，那个分离神界与冥界的“间”。

间是宇宙的本质。日本人说间也是艺术的本质。日本文化的密码，就暗含在这神奇的“间”里。

任他弱水三千，我只取一瓢饮。这一瓢饮里就有三千弱水之味。

“缩，乱也。从糸宿声。一曰蹴也。”

日本人喜欢盆地。

虽有建都于平原的机会，但他们最终还是选择了盆地。

盆地思维看似狭隘，却衍生了独属他们的哲学：

从小处、从细部对万物重新构思和包装。

1

为什么原本不喜欢日本的观光客,到了日本后就喜欢上了日本?

这是为什么?他们喜欢上了日本的什么?

对这个问题越深入思考，越能发现其背后的精神元素。这就像微弱的光线射入庭园，奇妙的是却能感受到外部与自然的交集。多少年前，兼好法师就说人至迟在四十岁以前，就应该瞑目谢世，还说这是天大的好事。为什么不是越长寿越好呢?为什么那个时代的人就这么看重有限，而对无限加以警惕?谷崎润一郎笔下的《细雪》，最后一次明确提到姐妹们的年龄，是幸子三十七岁，雪子三十三岁，妙子二十九岁，而三十七岁也是姐妹们思念的母亲去世的年龄。可见日本人将美丽和清纯认真地定格在相当有限的时光里。一到五六十岁，再是姐妹花，恐怕都是作家们不愿写也不愿看到的年龄。

原来，这一切都与这个阒无人息的神秘国度有关。或许是岑寂的夏夜，木屐踏过板桥的声响；或许是门外的雨滴，哗哗地淋在油纸伞上；或许是青梅带着沉重的声音落地，诱发着奇妙的哀愁；或许是短夜梦醒，蓦然传来杜鹃的鸣声。竹笛的音韵，女人头上的花梳，还有提灯、妆奁、漆画、螺钿。当然还有金丝梅、芙蓉花等富有日本风情的花儿，都湿漉漉地开放在梅雨季里。突然，草丛中央倏地跳出一只蛤蟆。一个小而美的日本，一个感性概念的日本，便鲜明地浮现在我们的眼前。原来这块土地的风物，非常适合用纤细的线条加以描述。

因为日本非常适合用纤细的线条描述，这反过来又加深了日本人对以小为美的迷恋。早在一千多年前，就有一位温婉美女，这样述说她所发现的小就是美：

枯黄的葵叶；女儿节的器具；在书中发现夹杂着淡紫色或葡萄色的绸绢碎片；去年用过的蝙蝠扇；闻声跳过来的小雀儿；留着沙弥头微微侧头看东西的幼儿；穿二蓝罗衣爬行的白胖小男孩；在女人怀中睡着的幼儿；跟在人后面或母鸡后面咻咻地叫着的白色长脚小鸡。当然还有在洁白的檀纸上，用很细很细的笔致写上的和歌。

这位温婉美人就是清少纳言，而《枕草子》则是描述日本细节的经典文本。

2

在当今日本，小而全的典型恐怕要数便利店了。在最大不超过二百平方米的店铺里，日本人将“全”做到了极致：二十四小时营业，路人可以借用洗手间，可以支付水电费，可以在 ATM 机存取现金，可以收发快递，可以买到各种门票，可以喝到现磨冷热咖啡。

近藤麻理惠这位普通的家庭妇女，为什么能登上《时代周刊》？为什么入选全球最有影响力的一百位人物？因为她用小与缩的生活美学，告诉不知整理为何物的西方人，只留下怦然心动的物品，其他统统扔掉。丢掉衣服，肠胃就会通畅；丢掉书本，脑袋就会变得清晰；减少化妆品，皮肤才会变得光滑。真正的人生始于丢弃之后。

多年前，韩国学者李御宁将日本人的这种缩小趣味，归结为一种以小为美的精神心向。日本的便当文化、文库本文化、石庭文化、俳句文化、寿司文化、盆景文化、收纳文化之所以给人留下印象，有一种观念上的张力，其原因就在无一不是感怀于稍纵即逝之美，无一不是着力于眼前的细小事物。就像西方人喜欢在宽广无边的广场上寻求灵魂的安定一样，日本人喜欢在二帖半茶室内觅得心绪的宁静。就像中国人喜欢“飞流直下三千尺，疑是银河落九天”的浪漫大气一样，日本人欣赏“春花夏杜鹃，秋月冬雪寒”的优雅细腻。多年前，一位六十九岁的退休老人井村裕保用十九年的时间，缩制了著名的历史名城姬路城。模型按 1:23 的比例还原了姬路城原貌。复制品仅占地一百五十平方米。从大移植到小，是日本人的天性。而以小见大，日本人就会失魂落魄。

近世以前，日本的政治文化中心几乎都在盆地。历史最悠久的古都飞鸟倚着大和三山之间的盆地，之后奈良古都建在盆地上，京都古城也是在盆地中生息了千余年。日本人喜欢盆地。虽然他们也有建都于平原的机会，但最终还是选择了盆地。置身于盆地，望着面前的山确定自己的位置，他们才有安心感，才能“遥望故乡山，默默寄思情”。没有见过大江大河，没有见过平原草地，习惯了在盆地里思考问题，习惯了从盆地看天下。天下在日本人的眼里也成了盆地。因此他们来到中国，总有目眩得失去方向的感觉，去往欧洲，置身于广场的空间，总有一种失语和失忆的恐惧。盆地思维当然是一种只看眼前的狭隘思维，因此出不了大的战略家和政治家。但盆地思维给日本带来的最大恩惠是他们有了自己的哲学：从小处、从细节处对万物重新构思和包装。

3

纤小必定细腻，细腻必定寄怀，寄怀必定物哀。于是日本人生出了自己的美学——细节的生活美学；生出了自己的生活哲学——细节的生活哲学。

松浦弥太郎这位《生活手帐》杂志的主编，还是一位专注细节的写作者。他在《恒常如新的每一天》一书中写道：昨天也好，今天也好，明天也好，总有不变的东西。这个东西就是细节。他还在《信的原则》中说，写信的时候，特别是用圆珠笔写信的时候，笔压不要太重，文字太重会有威压感，给对方产生负担。写信的原则就是不让对方困惑，所以字要慢慢地写。谁会在意下笔的笔压？

谁会在意读信人的心理负担？但日本人注意到了。

川濑敏郎这位当今日本插花界最有人气的大师在《四季花传书》中设问：如何点亮古旧民居的一抹秋色？插花家川濑说，为了表现深秋幽静的景象，我用了梅花草的一枝小花，并充分展现它那细长的茎线。在灯具上插花，可把那里当作是点火之处。火光纯洁无瑕，所以与色彩艳丽的花相比，白色的花更适合。花数也要控制，如果仅表现那种一点火焰随着幽静摇摆的情景，一朵花就足够了。在秋天的长夜里，一边想着火的温暖一边眺望着灯具上的花，那样的夜晚真好。原来，答案是用细节点亮。

有的时候，不需要用言语便能感动人；有的时候，一个动作就让人牢牢记住永不忘。在日本超市购物，收银员总是在你将要转身离开的时候，合掌于胸前，身体微微前倾，轻轻地道声感谢。仿佛是与你道别，更仿佛是期盼与你再见面。哪怕你只买了一瓶绿茶，这个动作也不会省略，更不会因敷衍而走形。要说温馨，这就是温馨。要说感动，这就是感动。有人会说，这是她们的机械动作。但正因为是机械动作，我们才刻骨铭心，才眼睛一亮，哦，原来在至上的服务中还有这个细节。

全球超过一百年以上的企业，日本占了三千多家。公元五七八年，在日本诞生了专营寺庙木工建筑的金刚组，此后历经四十代，成为目前世界上最古老的企业，约有一千四百四十年的历史。具有一千多年历史的公司，不倒闭，不重组，不上市，堪称世界企业史的奇迹。这个奇迹是怎么来的呢？人们在一个桐木箱内发现了一份珍贵的手稿。那是一八〇一年，第三十二代首领金刚喜定在“遗言书”中立的家训，共十六条四部分内容：一是须敬神佛祖先，二是须节制专注本业，三是须待人坦诚谦和，四是须表里如一。原来还是在神佛面前的纯粹和一根筋，使他们被历史永远镌刻。

什么叫一根筋呢？有一个车站的出口处，用几种语言标示，但“出口”的日语、繁体字和简体字都是一个写法。在这个指示牌上，除了英语和韩语不一样之外，“出口”被写了三次。这在从汉字之国出来的中国人看来，不是有点傻乎乎的一根筋吗？但恰恰是有点傻乎乎的一根筋，将日本送上了令人膜拜的地步，更让拥有一千四百多年历史的企业生生不息。

4

一般而言，“假大空”作为词语的固定搭配，其逻辑的先机就是对以大为美的绝对性的对抗。大是万事的前提，因此也先验地包含了假与空的内在。随着欲望的驱动和对伟大的渴望，大必然走向假与空。假大空的对立面是“真小实”，虽然还未形成固定搭配，但却不无趣味地亮出小必然走向真与实这个事态。日本小学生的理想职业，女生心中的第一位是糕点师，男生心中的第一位是电车驾驶员。这在我们看来近乎不可思议的从小处着眼的梦想，显现出的则是最小最原点的心相。所以日本人一般不提“日本梦”这样大而空的口号，因为国家的大、权力的大、体制的大，怎能替代面向生活的实实在在的小？怎能替代每个国民自己心中的梦？

世上的事，最令人回味的是始和终的两端。而日本人做得最好的恰恰就是始和终。香川县小豆岛是著名的山本酱油的所在地，山本康夫是其第五代传人。寿司之神小野二郎已经八十八岁，他一生就做一件事。日本刀大阪月山派的掌门人是第二代月山贞一，家族祖孙五代连绵不断地称霸锻刀界。

日本人曾自爆笑话："我家的钉子扎破了隔壁家的佛龛。"欧洲人不解地问：你家的钉子难道有几十厘米长？日本的情人旅馆之所以发达，一个原因就是夫妻在家无法同床，怕声响外泄。隔音差的原因是墙体单薄，而欧洲的墙体动辄就是几十厘米厚。

诗人北岛的《白日梦》里有这么一段：

> 我需要广场 / 一片空旷的广场 / 放置一个碗，一把小匙 / 一只风筝孤单的影子 / 占据广场的人说 / 这不可能。

为什么不可能呢？这在日本人看来不可思议。平面设计大师原研哉说过：四个角落的柱子，以注连绳连接，在内侧围绕出一个"什么都没有的空间"。因为这是个什么都没有的空间，也就产生了"说不定会有什么"进入其中的可能性。这"说不定"的可能性显得十分重要。这样的潜在性牵动了人们的意识，才有了双手合十对神敬仰的动作。这样看来，只有把自己先缩小，才能进入独自创造的空间。这正如法国哲学家加斯东·巴什拉所说，小中见大，大空间自有大空间存在的意义，小空间却有不可估量的魅力。

5

利休把茶室的入口，设计得非常矮小。就像小舟的入口，仅有六十六厘米见方，只有躬身弯腰才能进去。带刀的武士只有解下腰刀才能进。就这样，利休半强制性地解除了武士们的武装。这在日本是件非常大的事情。

刀是武士的魂。不管何时何地何故，随时拔刀杀人是武士的使命。政治是依据武力来运营的，秀吉杀了自己的后继者丰臣秀次，而且杀得那么残酷，因此秀吉每次在飞云阁入浴的时候，都有严密的警卫，就怕刺客拔刀暗杀。已经习惯在怨恨和杀意中生活的武士，利休却要他们放下屠刀，徒手进茶室。他们的不安是可以想象的。这种不安中既有杀与被杀的生理上的不安，又有身份一下被拉平的心理上的不安。

不带刀的大名、舍弃杀意的武士，都在“一期一会”的主客互动之间抹去了世俗性，进入一个次元的世界。要他放下刀，要他和利休以同样的姿势钻进六十六厘米的茶室入口，秀吉当然有生理和心理上的不安和骚动。因为这个命运共同体对他来说，有令他矮小的嫌疑。

把纷杂集束成单一，把大浓缩成小，这是日本美意识的极致。利休的茶室其实也是“极小”思想运动的实验室，从这里派生出极小的露地、极小的入口、极小的茶具、极小的插花、极小的怀石料理。利休鲜明地意识到了这种“极小”所带来的物理之力，用仅有的动作、文字、味道、物品，表现丰富多彩的精神世界。在宽广的画面上，仅用一笔表现杂多。这种以简单表现复杂的表现方式实属少见。语言世界也是，和歌、连歌、俳句等都属世界最小最短的诗。成熟即缩小，美的就是小的，这是日本人的得意之处。日本科技及工业生产极点的发端，就源于安土桃山时代利休主导的“极小的美意识”。

6

村上春树的《1Q84》我们并不陌生。在小说中，女主人公青豆与即将被她结束生命的深田保之间有一段长长的对话，二人共同得出了人类“所有的肉体都是无力而渺小的”的结论。这里的有趣之处在于青豆与深田保又都确信，渺小的人类需要“那种美丽而愉快的故事”。唯有如此，绝大多数人才能维系所谓的“精神正常”。

这非常接近康德的思路，或者是康德思路的再塑造。因为在康德看来，人类除了拥有如此这般的肉身之外，还有一种精神的存在，一种理性的存在。这个存在的重要性在于，人不但有能力为其自身立法，而且还能为自然立法，为目的王国立法。所以康德在《判断力批判》中毫不羞愧地说：“作为自在目的，有理性东西的本性就规定它为目的王国的立法者。”确立人是目的王国的立法者，就等于宣称人的精神力量的无穷大和权力力量的无穷大。这个世界原本是“千山同一月，万户尽皆春”，但以大为美的极权者硬要将这个“月”和“春”占为己有。这就生出恐惧和孽杀的源头。再联系康德在美学中对崇高的讴歌，对巨大、混乱、狂野和无秩序的赞扬，说这些力学的崇高让我们见到了伟大和力量，更是将原本有限度的理性用在了迂腐、敷衍、揶揄和张扬的一面上。其结果是让堂吉诃德式的骑士精神和理想主义成了一场揪心和残忍的世纪之梦。人真的需要“那种美丽而愉快的故事”，来为自己渺小瘦弱的身躯充实和扩张些什么吗?

对此，写下《小的是美好的》的舒马赫，给出了否定的结论。舒马赫非常惊奇于佛教的生活方式竟然是那样引人入胜，消耗小而收益大。他干脆将这种生活方式集合为佛教经济学:朴素和非暴力。这里的非暴力是指消解人类为争夺财富而展开的残酷竞争，更是指避免人类破坏自然的暴力行为。释迦牟尼曾教导每个佛教徒每年至少种植一棵树，并且照料它直至扎根成活。这种行为并不构成康德式的崇高，但有一种令人迷恋的优美。这种优美远胜于崇高带来的感动，更远胜于“美丽而愉快的故事”本身。

思想家山崎正和在《世界文明史的尝试》中，不再将进步的概念与未来相连。虽然进步作为修补文明的破绽是不可或缺的，但人类并不以进步的有无作为活着的前提。反过来说，只有那些能够充实我们生活的文明，才是我们应该期待的。

那么，何谓“充实生活的文明”呢？这就得回到本章的开头，观光客为什么到了日本就喜欢上日本？原来，以小为美的精神心向，延伸出了这样的生活教义：你不能用失去的青春悼念青春，用老去的观念恐惧老去。套用歌人良宽禅师心满意足的情绪跳跃，是否就是“夜雨草庵里，双脚等闲伸”？

或者，《徒然草》如是说：沿着长满苔藓的小路走了很久，来到山村的深处，见到一个清寂的佛庵。被落叶所埋的引水筒中，水声泠泠可闻，此外便寂然无声。在于伽棚上，看到散放着摘下的菊花、红叶，才知道此处有人居住。如此简陋的地方也有人居住，不禁感慨系之。

在这里，如果套用当年小泉八云的话，是否就是“日本的贫寒，便是它的力量。在将来，富足就是软弱的根源”？

这样看来，缩是日本人的天性，是日本人精神的原点，也是日本人所有志向中最为显著的志向。

日本人善于将直观的东西缩小并减少到最低，以简素的面貌现出“无相”的状态，反映禅宗美学谦虚的品德。如矮小的石桥、窄短的阶梯、碎石铺就的小路、寺院内的小木屋、小陶泥人、能剧舞台、枯山水、一帖半的茶室，如此等等。

形虽小，但思考空间无限。相虽空，但体味观空如色。

箸

“箸，饭攲也。从竹者声。”
日本人将箸置于宗教的意义中，
将漆器的光泽与本体的光泽，
巧妙地糅合在同一物体上。

1

箸，谓之两根木棒。两根木棒，谓之箸。

不同的是，前者的箸仅仅是宗教与文化的意象，后者的箸则成了意象中的宗教与文化。

夹起食物放入口中。这一夹一放，箸又成了道具。人的理智将木棒打造成道具，与将豆腐打造成食物在本质上是一致的。问题是如何使箸在夹豆腐的时候，豆腐不破碎，这就是艺术了。道具又成了艺术。

原来箸是艺术的,而艺术往往是任性的。那箸也成了任性之物?

是的。有多少观念之箸，就有多少实物之箸。

二〇〇七年，东京艺术大学漆艺研究室成立了国际箸文化研究所，次年十一月举行了第一届国际箸研讨会，研讨箸和现代人的精神和艺术心结。因为同样是膳食器具，中国是石字旁的“碗”，韩国是金字旁的“鋺”,日本是木字旁的“椀”。石金木,其中最为哲学、最为诗性，甚至最为宗教的恐怕就是木吧。所以日本人干脆发明了个“榊”字，专门表示木与神的关系。

2

在一双细细长长的箸上做足宗教和文化的功夫，并将其纳入到一个日常与非日常的仪式中去，是日本箸文化的最大看点。

毫无疑问，和食是日式思维的产物之一。而日式思维的原点又是感谢。食材做成食物，生命因之得以延续，于是生出对食材与食物的感谢之情。一箸一筷，将食物庄重优雅地送入口中。生出这种真实感的瞬间，也就理解了和食为什么总是那么一点点。不拘泥于量的和食，是用餐者对自我欲望的抑制。因为本是带着对食物的感激之心来食用的，如在食物面前过于失礼与放肆，岂不自相矛盾？

日本人的思路是，人在接受自然万物恩惠的同时，也在接受大自然的力量。而大自然的力量来自于神的恩赐。从这一意义上说，食材来自于大自然的潜在逻辑，是神的恩赐的结果。在观念上，来自于神的恩赐之物是神圣之物，而神圣之物绝不能直接用手送入口中，必须要有一种刻意制作、注入心意的道具。这个道具就是箸。这样看来，箸承担了生命之重，以及限定这生命之重的神的意图。所以在动筷之前，日本人要说“我领受了”，餐后放下筷子时要说“蒙赐盛馔”。这就是宗教话语，表现了神人纠结。这个纠结又试图通过箸来消解。于是，箸又成了秘藏精神的道具，用这个道具感谢天神的恩赐。

在日本人的观念中，树木中住着天神。而将住着天神的树做成将食物放入口中的箸筷，岂不也将天神放入了口中？这到底是神圣之事，还是亵渎之事？这点恐怕连他们自己也说不清。但有一点可以肯定：将住着天神的树精心做成箸筷，可以让使用者油然而生敬畏和感激之情。所以箸对日本人来说首先是祭器，其次才是食器。

日本迎接神灵的一连串的祭祀活动中，最为重要的一环是向诸神供奉神馔的“神人共食”礼仪。所谓“神馔”通俗地说就是食品，古代也叫“御食”。在供奉神馔之际，首先供奉御箸。原来拟人化的神祇要用御箸进食。这里引出的宗教意义在于箸升格成了一种祭器，将神灵传递到了人的身上。

3

所以，箸要做得美，做得精，做得细，日复一日，永不懈怠地磨炼与精进。这个过程同时也是制箸人自我砥砺的过程。

福井县小浜市若狭地区的箸叫若狭箸。日本全国流通的箸有百分之九十是这里生产的。这个地区虽然只有三万多人口，但从事箸加工业的却有两千多人，故被称为日本箸的故乡或日本最有名的箸地。

象征日本人精神的出云箸是黑柿箸。采用黑斑模样的黑柿木，表现自然的木肌之美。由于黑柿木年年减少，黑柿箸与青黑檀一样，成了工艺品中的名品。

父亲箸始于昭和中期，采用稀有的本黑檀木，其看点是重量感。有时箸与箸相碰撞，发出特有的“咔哧”声，清脆悦耳。

用青黑檀制作的八角利休箸叫大人箸。长度为二十三点五厘米，精工细作，再用高级的樱木皮打造箸盒，可谓职人技艺的极致。

老绅士箸也叫蛇纹木箸。蛇纹木是仅在巴西、南亚等地区才有的珍贵木材，表面的红润纹理宛如蛇皮鳞，一般用于制作弓和钢笔的外壳。木质极为坚硬，故加工困难，极为名贵。

珍味箸是带有幸福感的箸，适用于晚酌的菜肴，又名江户珍味箸。长短不一，其特色是箸尖极细，与伤杯醉醒同行，有一种“粹”的感觉。

津轻堆朱箸经过多次涂漆，然后再将涂漆削磨除尽，亮眼的纹样就出现了，是非常贵重的传统工艺品。

有夹豆腐不碎的豆腐箸，秘密在箸尖，看点是四角稍粗。夹取黏糊糊的纳豆有纳豆箸，看点在箸尖要粗要圆。

在京都，怀石料理的箸是竹制的。竹的纤维是纵向的，所以即便是极细的箸尖也能保持强度。削细的竹箸发挥着竹质独有的个性，不必用力也能夹住食物，极富愉悦感。

4

如何选择最高一膳的箸？日本人说有如下要点可参考。

首先是长度与手持的粗细及形状。长度的一般标准为男性箸长二十三点五厘米，粗八毫米；女性箸长二十一点五厘米，粗七毫米。大力士辈出的青森县，力士箸的长度是二十四点五厘米，粗细在一点三厘米，那就是非常粗的箸了。现在有一种长度为十八点五厘米，粗一厘米的箸，特点是比一般箸要短要粗。即便不太用力，也能轻易夹起食物来，据说这是用了支点原理的关系。

手持的形状也很重要。日本箸一般有圆、椭圆、四方角、三角、四角、五角、六角、八角、利休型等。一般而言较好使用的是无角箸。不过三角五角都是奇数，日本人比较喜欢奇数，因为持箸的正确方法是用大拇指、食指和中指。也就是说手指的根数与箸的形状同属奇数，箸的面可以放置三个手指。

其次是箸尖的粗细和形状。由于与食物直接接触，更与人嘴直接接触，箸尖的粗细与形状同样很重要。雕刻细纹状，再撒上干漆粉，使得表面有毛躁之感。从便于使用来看，不光滑的箸尖是颇为理想的，但问题是毛躁而不光滑，口感就不舒服。这样看来，圆而无角的箸尖触感会好些，但过于滑润，会缺少滞感。四角等有角箸有适当的角，既不太滑润，触感也不错，常常受到人们的喜爱。购买者大都喜欢带角的尖细之箸，更适合日本料理。如剥开烤鱼皮，打开鱼身，剔出鱼骨，夹起鱼肉等。但尖细之箸对做工要求很高，削尖难度很大，此外对木材要求也高，特别是木材质地的强度。

当然还有箸的重量。有适宜的重量感会受到人们的欢迎。黑檀、紫檀等木质要比桧木、罗汉柏、杉木重，所以价格也更高。著名的若狭涂漆匠人羽田要一郎，是创业四百年的老铺羽田漆器店的第十三代当家。如何将若狭海边散布着贝壳与白沙的景色涂漆成箸？他想到了用贝壳、鸡蛋壳、松叶等素材，加以精湛工艺，使若狭涂漆箸成了日本第一。箸尖如鹤嘴，细而长，蕴含着长寿的意义。

5

毫无疑问，日本的筷子是从中国经朝鲜半岛传过去的。日本人从什么时候开始使用箸，现在已经无从考证了，但是考古学者在奈良明日香村发现了板盖宫遗迹出土物品，里面就有桧木制的箸。推定年代大约为大化改新时期的六四五年前后。筷长三十到三十七厘米，直径零点五厘米，形状为整体较粗、一端较细。后来在藤原宫古迹出土物品中也发现了桧木箸，表明日本人很早就认识到桧木在清洁感、防开裂、耐水性和气味方面都出类拔萃。而奈良县樱井市的箸墓古坟传说建造于公元三世纪后半期，那又比板盖宫遗迹往前推了二百多年。箸墓与箸之间有什么关联，现在还不清楚，但有一点可以推测，墓主开始使用箸的可能性非常大。而墓主是谁呢？近来日本考古界倾向于邪马台王国的卑弥呼女王。

在中国，筷子古称“箸”。李白有诗云：“停杯投箸不能食，拔剑四顾心茫然。”现在我们的口语中已经不用了，但日语中保留了这个汉字，发音为“hashi”，与“桥”同音。这也绝非偶然，而是表明日本人将“箸”视为食与口之间的桥，视为通往生与死的桥。

日本人从出生到墓地，从箸开始，到箸结束。也就是说，筷子伴随日本人的生与死，是“生命的拐杖”。在新生婴儿出生百日后，要举行一项仪式。摆上一个可爱的小碗和一双用白木做的箸，并向神灵供奉红豆饭及一条有头有尾的鲷鱼，祝愿婴孩早日长大成人，一生丰衣足食。而且还要到神社去参拜，这时神社会送给参拜者一双筷子，叫“初食箸”。有了这双筷子，孩子一生就会倍受神灵保佑。天皇家的爱子公主在刚满四个月的时候，在宫内举行过“执箸仪式”。负责小公主饮食起居的宫女将椋木制成的箸浸入红豆粥，然后送入小公主的嘴里，祈求平安与健康。

日本人在生命末期也用筷子取水，告别这个世界。临终的水也叫死水。子女在筷子尖头系上脱脂棉球，沾水后湿润死者的双唇，期望死者能奇迹般地复活过来。昭和天皇在临终之际也举行过这个仪式。从这个意义上说，日本人是用沾着“死水”的箸结束一生的。在火葬的时候有拾遗骨的风习，这个时候也使用筷子。竹与木各一双，组成两双筷子，二人共拾遗骨往骨壶里放，叫“箸（橋）渡し”，这筷子也因此叫“骨箸”。由此引申出在日常生活中使用不同材质的筷子被视为禁忌，二人同时夹一样菜肴也被视为禁忌。

6

日本人对箸的拘泥与讲究，还表现在用箸上设定了很多禁忌。其中最大的禁忌是筷子必须横着放置，这与竖放的中国不同。原因在于日语中“刺”的发音与“指”的发音相同，都是“sasu”。如果将筷子竖着指向对方的话，就不吉利。除此之外，日本人用箸还有很多禁忌。例如：

忌移箸，即不停地吃菜，应该是菜与饭交替着吃。

忌空箸，即夹过来的菜不吃，又放回盘里。

忌迷箸，即筷子在菜上面移来移去，不知吃什么好。

忌刺箸，即将筷子插进食物慢慢吃。

忌探箸，即用筷子在菜或汤汁里不停地寻找自己喜欢吃的东西。

忌持箸，即拿着筷子的同时，拿着其他食具。

忌指箸，即用筷子指人。

忌咬箸，即用嘴咬筷尖。

忌泪箸，即筷尖不停地滴答汤汁。

忌敲箸，即用筷子敲击桌子碗碟等。

一九七四年，写有《箸之书》的学者本田总一郎提议，为了感谢箸一日三餐为人们服务，将每年的八月四日定为“箸节”。第二年这个提议得到了落实。从一九七五年开始，每年的八月四日这天，东京千代田区永田町的日枝神社、奈良吉野的杉箸神社等要举行箸的感谢祭。德岛的箸藏寺要举行箸供养仪式。在箸节以外的日子，日本各地也经常有活动。如新潟县南鱼沼市的一宫神社，在每年的十月九日要举行一次盛大的祭祀活动。这个活动起源于平安时代，首先要向神灵们供上一双长长的大筷子。据说这座神社供奉的是农业神，他们想通过这双筷子，向全国的神奉上当年的新收谷物，请众神与人同享，以求神灵保佑明年五谷丰登。

此外，在高知县的高知八幡宫建造了“箸冢”，每年的二月举行箸供养祭。与观光旅游、饮食业有关的人士络绎不绝地来到这里，感谢一年中筷子为人们提供的服务，祈愿无病无灾。人们把带来的数十万双筷子依次扔进正方形的神炉里，合手祈祷。类似的活动还有很多，如奈良市的春日大社、广岛县的严岛神社等，每年都要在规定的时间内举行祭祀活动，而这些活动都离不开筷子。

对箸的感谢，还表现于在使用中遵守程序和规则。在这方面，日本人对自己也有严格的要求。如一次性筷子的使用规则有三条：

其一为两手持箸，稍离餐桌。

其二为水平线在膝盖之上，右手持上半部分的箸，左手持下部。

其三为扳开后，不可立即取食物，先放置于箸枕稍事休息。

用餐时也有规矩，如在谈话喝茶的时候，不可长时间持箸，这样不是文雅的表现；须将箸枕搁置于离箸尖三厘米的位置；没有箸枕的料理店，则搁置于膳食托盘左侧的下方，或者用最小的碟子搁置，或者用箸袋自作箸枕搁置。

再如优雅的取箸规矩也有三条：右手从上方持箸，左手从下方托箸，右手再顺着箸的右端持箸。日语叫“三手で取る”，也就是一二三一气呵成。

日本人将如何使用箸看成是一个人的修养。过去有“看用箸，知其父母”的说法。特别是女孩，使用筷子的文明程度关乎能否嫁个好人家。

7

在日本人看来，箸是便利的实用工具。与叉刀匙单一的功能相比，具有夹、剔、摁、捞、托、剥、支、卷、割、移、掺、撕等十二种功能。箸在日本人那里是手与指的第三器官。他们做什么都善于精工细作，分门别类，在箸的方面也是如此。

按形状分，有四角削箸、五角削箸、六角削箸、七角削箸、八角削箸、圆形箸、细形箸、平形箸、两口箸（中粗两细）等。祝贺用的箸一般为柳木圆形。

按素材分，有杉箸、柳箸、桧箸、桑箸、枫箸、榉箸、萩箸、松箸、紫檀箸、黑檀箸、南天箸等。柳木箸在正月行事和诞生日用，一般也称为白木箸。杉木用于一次性箸更多，其中以吉野杉为最上品。客用的箸称为“御手元”，柳箸或桧箸较多见。而中秋用箸多用萩箸。槐木通延寿，柞木去苦，南天竹脱难，都是箸的好材料。

按功用分，有六个种类。其一为祭祀用箸，主要有柳和桧材的白木箸，形状为中粗两细。也叫“两口箸”。

其二为个人用箸，主要有黑檀和南天材的漆箸。形状为上粗下细的粗细箸，或角箸、圆箸。

其三为来客用箸，主要为木制的快餐箸，属于粗细箸。如果是竹子的快餐箸，用材则是熊本产的雾岛、阿苏、九重的竹子。

其四为料理用箸，有木制的真鱼箸、蔬菜箸、纳豆箸、豆腐箸、板前万能箸、荞麦箸、茶泡饭箸等。

其五为茶事用箸，用材为吉野赤杉，中平两细的两口筷为最上品，也叫“利休箸”。而茶事中的糕点用筷一般为“黑文字箸”。

其六为料理店用箸，高级料理店为快餐筷中的“天削”和“利休”，中级店为“元禄”、“小判”或竹制，大众店为“丁六”或竹制，盒饭用箸一般为“丁六”短箸（长约十六厘米）。

还有正月用箸。日本人在正月有吃杂煮的习惯。新年大清早，一家人围坐桌前，手持纯白的柳筷，形状为中粗两细。两边细表示一边是神灵使用，一边是凡人使用。当中粗则象征五谷丰登，子孙繁荣。这种筷子也叫“杂煮箸”。如果放入花纸绳的箸袋里，写上人名，更具有祝贺新年之味。肌白纹美的柳木用于正月贺年的祝箸，柳芽为报春第一号，属于可贺之木，用它属于“家中见喜”。

按吉利分，有结缘箸，如岛根县出云大社祭结缘神，赠送前来参拜的男女一对杉木角形的箸。有夫妇箸，如三重县伊势市二见浦有一对夫妇岩，附近的二见兴玉神社就准备了一对放入纸盒内的漆箸，赠送前来参拜的夫妇。此外还有长寿箸、延寿箸、神寿箸、开运箸等。日本人在庆祝入学、就业、结婚、生育等人生活动中，也离不开箸的赠送和授予。在九州，柚木的木纹美丽坚固，做成箸与结寿同音，是结婚送礼的佳品。此外，成人节、女儿节、端午节等祝膳之际，要用上柳箸。

将一双箸筷程序化和逻辑化到这种程度，也只有日本人了。在日本人的认知中，箸尖前的三厘米，是箸的心脏部位。

8

通过漆箸的光泽，体验本体的光泽，将漆器的光泽与本体的光泽巧妙地糅合在同一物体上，这是日本人做漆箸的最大用心所在。

最初的漆箸在江户时代的大名武士中使用。不久，江户、大阪、京都的饭馆和豪商等也开始使用。进入明治时代，开始在全国范围内普及。福井县小浜市的若狭漆箸已经有四百年的历史。从一七六四年开始，小浜藩主酒井忠胜将其命名为“若狭漆箸”。从此成了漆筷中的逸品。它的特点是做工考究，用一年半的时间涂漆百回以上，故越使用涂漆的光泽越发清澄剔透，变幻中的美令人遐想。价格从一千日元到二万五千日元一双不等。现在年产量为七千两百万双，超过一百亿日元的营业额使其占了全国高级漆箸的百分之九十。用材为樱木、紫檀等，成年男子用二十二点五厘米的，女子用十九点五厘米的，儿童用十六点五厘米的。

此外，江户木筷老店大黑屋也非常有名，创办于大正时期，专售典型的多边形棱角的漆箸。最知名和最受欢迎的漆箸叫“下町武藏箸”，一般由乌木制作，箸的头部是六角形，中间是三角形，箸尾则为四边形。这种设计据说与手握筷子的人体工学有关系，使用起来更舒服，造型也更加别致而现代。

漆箸除福井县的若狭箸之外，青森县津轻漆箸，岩手县净法寺漆箸和安比箸，福岛县会津漆箸，石川县轮岛漆箸和山中漆箸，长野县木曽漆箸，新潟县村上堆朱，东京江户漆器，神奈川县镰仓雕，岐阜县春庆漆箸，京都京漆器，宫崎县宫崎漆器，冲绳县琉球漆器等也非常有名。

9

在吃东西的时候，箸直接接触唇齿舌，所以箸的味道、形状、硬度等微妙地影响着料理。也就是说，箸的好坏与优劣左右着料理的味道。所以对料理考究的话，也必须对箸考究才行。这是日本饮食的精神。而一次性筷子的率先使用（明治十年）和流行，正是这一精神关照的结果。

这里有一个问题：日本人为什么会喜欢上一次性箸筷呢？这与自古形成的污秽与清净思想有关。在饮食之前，自己将一次性筷子掰开，表明在这之前谁也没有使用过。他人还没有碰过的纯净无垢的素材，日本人最为上心。

在日本人的观念中，箸起源于“忌串”。所谓“忌串”就是用手直接触摸神馔是忌讳的，所以要用“串”这个道具，间接地触摸才行。问题是如果说忌串洁净，只是说在触摸神馔之前是洁净的，触摸之后就变得不洁不净，于是使用过的忌串就必须扔掉换新的。日本人喜欢看的《假名手本忠臣藏》里，有一个场景描写得很有意思。

一个晚上，九太夫与由良助在茶屋喝酒。九太夫给由良助斟酒，并用筷子夹起醋拌章鱼给他。由良助很自然地用手掌接下章鱼，放入口中咽下。由良助为什么要用手掌而不用碗碟来接食材？其中便有日本人对箸筷的净与不净的观念。原来，在由良助看来，九太夫手持的箸是某种形式的忌串。这个夹醋拌章鱼的忌串被九太夫的手碰过了，所以变得不洁不净。而对方直接用手掌接章鱼，这手掌的主人由良助倒是洁净的，因为他的手还没有被别人碰过。

日本人喜欢一次性箸筷，还有一个原因是使用完就扔掉，有一种非日常的气氛，让人们联想到“晴日[①]”的饮食。“晴日”用的筷子是白木箸。现在的正月和婚礼丧事，还在使用中间粗两头细的白木箸，以柳为材木，具有驱邪和洁净的灵效。据研究，柳木中含有阿司匹林成分，这或许就是柳木具有灵性的出处。晴日的白木箸，使用后原则上要扔掉。这是一次性筷箸使用后扔掉的原型。兴隆茶道的千利休自己取吉野赤杉，自制中平两细的筷箸，用于茶会上的怀石料理。无论是形状还是手感都像工艺品，但在使用后也立即扔掉。杉木与桧木等针叶树材做成一次性箸筷，木纹美，木香浓，与日本人的心性很吻合。用手指扳开箸筷有一种“粹”的感觉，用一回扔掉一回，也有一种美感。

10

无木节，不上漆，是最纯白的箸。如果说“无垢”是佛经里最

①在日本，晴日的另一层含义是值得纪念的日子。

为纯真最为洁净的意思，那么无垢箸则往往代表初次使用，是专属于对方的洁净存在，有“特别为您准备”的至上心意。这令人想起处女。没有处女情结的日本人，则在箸筷上玩弄起“处女性”。

过去，日本老人在野外用餐后，须将箸折断抛弃，因为他们相信会被鬼怪妖魔捡去，使箸主遭遇不幸。箸筷虽小，却也代表了一种悠久的历史与文化。无垢箸的原型或精神就藏在这种悠久中。

在日本人的餐桌上，总是能看到简约精致的食器搭配。充满四季时令感的箸枕，让人联想到侧卧美人的优雅与多姿。夹菜的空当，箸就齐整地放在箸枕上。

斟上一杯，独酌无相亲。一切的美妙之味，就在箸筷的一起一落间，想起大珠小珠落玉盘。这种带有仪式感的进食，提升的是人的品位和幸福感。

所以日本人开设“箸育”教室和“箸规”教室，讲的就是永不懈怠的磨炼与精进。因为箸筷与敬语一样，是润滑人际关系的一个重要工具。在日本，公司对新人教育的一个环节是学习如何“用箸”。如果用箸习惯不好，约请吃饭都会成问题。而如果这个人用箸非常优雅，就给人一种有教养的上品的感觉。

从这个意义上来看，如果说大禹为传说的中国用箸第一人，同时也是世界用箸第一人的话，那么将箸打造成一种宗教文化的则是日本人。一端是神，一端是人，箸成了神人结合的缘起物。最老箸铺之一京都市原平兵卫箸铺，店铺里珍藏着一幅《白箸翁》古画。画上的老人银须飘洒，手提一捆箸。据说日本天皇家所用的御箸，数百年来一直由这家箸铺提供。

日本有箸道协会，宣称箸是自我之手，自我之指，更是自我之魂；宣称人为了生而食，但同时通过食学会如何生。确实，日本有茶道、花道、剑道、柔道、武士道，如果说这些“道”都通往没有开首和终焉的神人极道的话，那么箸道是否就是极道中的极道？因为只有箸，设定了神人之间真实的距离。

旬

“旬，徧也。十日为旬。从勹、日。”
旬，是把食物放进嘴里，
你能感知初夏和深秋那轮月有何不同；
或者是土用丑之日，大街上飘逸着蒲烧鳗鱼的香味；
或者是身处东京之夏，感受到的细雨纷纷。

1

旬是什么？其实是个设问，它这样将问题显现在你的面前：

旬是把食物放进嘴里，就能感知初夏和深秋那轮月有何不同？

或者，旬就是土用丑日[①]，大街上飘逸着蒲烧鳗鱼的香味？

或者，旬就是身处东京之夏，让人哪儿都不想去的潇潇细雨？

日本人为什么将自然等同于神？这无关乎先验，无关乎构造，更无关乎美丽，而在于自然的四季轮回带来的无比美妙的季节感。《万叶集》里表现出来的季节感，是日本人思考的哲学本源。日本文化的形态，本质上就是用植物的美来支撑的。最具才气的诗人萩原朔太郎说过，走在嫩草上，我是五月的贵公子。他在二十岁左右写信给妹妹说：你知道吗？新绿不同于盛夏那乌黑的绿。前者是透明的心情愉快的绿，后者是不透明的、令人不快的绿。

---

①“本日土用丑日”是小说家、博物学家平贺源内创作的著名广告词。“土用”源于中国的阴阳五行，指春、夏、秋、冬各季交替前的第十八天。“土用丑日”一年有四次，这一天有吃鳗鱼的习惯。

现在看来，这就是旬的感觉，季节的感觉，风物的感觉，时令的感觉。早春为什么是思念的？初夏为什么是偶遇的？深秋为什么是相约的？寒冬为什么是离别的？显然其中有个看不见却令人心仪的旬，在不易察觉的地方流动着，更迭着，令生命在不同季节展示出不同的鲜活。这种鲜活不是“感时花溅泪，恨别鸟惊心”的鲜活，而是“满目青叶，口中松鱼，耳际杜鹃声”（山口素堂语）的鲜活。

2

我们并不陌生的《徒然草》，为何每读一次就感动一次？因为整本书流淌着旬的思想：五月还是菖蒲满屋顶，起秧插稻，水鸟声声如叩门；转眼六月，则是茅屋柴庭，牵牛花白，蚊香袅袅，很是生情；到了七夕，夜半转凉，芦荻泛黄，早稻收割完毕，秋风浩浩，令人心爽；立冬过后，草木枯萎，白霜满地，红叶散落；又到年末，望着人们忙碌的身影，倒也年味大增。可怜只有那天边的月亮，独自清光辉辉，无人搭理。

小说家井上靖写岁暮，说在他的家乡伊豆，十一月中旬到十二月初是神乐到来的日子。神乐的锣鼓每年总在那个时候响起。他们顺着狩野川下游一带的村子巡回演出，最后才能到达位于天城山麓幽深处他所在的村庄。川端康成的《古都》，通过赏樱、葵祭、伐竹会、大字篝火、时代祭，展示古都时令的推移，自然就像一个色彩斑斓的流动体，变换出“好吃”“好玩”的旬之美。

一千多年前的和泉式部留下日记，里面写到七夕，说几位擅作和歌的多情男子，送来了吟诵牵牛星与织女星的和歌。她的情人为尊亲王也没有忘记她，写下情歌："一年难得见一面，织女难渡银河岸。"亲王又燃起了缥缈不定的感情。和泉式部赶紧回复："银河之天不敢看，妾身怕被织女厌。"令人吃惊的是日本人将七夕的思念与生情一直延续下来。至今他们还在认认真真地赏玩着七夕的岁时记。

同样是千年前的紫式部，在她的日记里已经有九九重阳菊花棉的做法。在重阳节的前夜将棉花覆盖在菊花上，九日早上将夜露打湿的棉取下擦脸或拭身，当时的习俗认为可以防衰老。而那天清晨，紫式部确实收到了藤原道长夫人送来的饱沾晨露的菊花棉，喜不自禁的她作和歌道：若承菊露容颜不老，更愿花主长命千秋。

这样说来，旬的日本，从诗意的角度看就是半透明的、很轻很薄的日本。轻的就一定不好吗？不一定，因为花瓣就很轻。薄的就一定不好吗？也不一定，因为蝉翅就很薄。这样说来，旬的日本，从本源的视角看是女性的、小资的、有着春醉病态的日本。在日常生活中最能撩拨人心的，不就是女性的、小资的、春醉病态的吗？周作人翻译小林一茶的俳句："露水的世，这是露水的世，然而然而。"旬的日本、风物的日本、季节的日本、时令的日本，在感性上就是露水的日本，就是无数"然而然而"的日本。上升为知性层面，就是情绪的日本、魅力的日本、力量的日本。

3

旬还是什么?

食材的丰富多样，或者说其中拥有的复杂与混沌，正是生命的本源。仅仅是舌尖上的一粒草莓，含住它的瞬间也能感受出鲜活风情。味道好，其实是生命力的效用。

在松树林下，一脚踩上刚刚出土的蘑菇。那白里泛红的、水灵灵的、富有弹性的肌肤给予你的，是否就是生命力的意象？作家阿部次郎曾写过一段文字：一只活龙虾，被店里人切成四片，回家放入烧沸的酱油汤汁里，四段龙虾竟然立即抽动起来。被劈成两半的脑袋，两只眼睛像狂怒的螃蟹一样从眼窝爆鼓出来。那时除了赶紧盖上锅盖，还能做什么？惨不忍睹的一个原因，是鲜活就那样倔强地走向死亡。

烤鱼明亮的眼睛渐渐变得像牡蛎一样惨白。涮牛肉要将鲜嫩的肉放入滚沸的火锅。原来味道的鲜美是来自于生命的终结，口舌享受是以结束一个生命为前提的，想来令人不安，而这不安是否就是旬的本质？这样说来，所谓旬是否就是杀生的同义词？轮岛漆艺家赤木明登曾将料理和杀生并列，说品尝滋味就是触摸逝去的生命的内部。顺着这个思路，将这严肃的事实加以覆盖或隐埋，再将其艺术性地升华至洗练的境界，是否就是饮食文化中的“旬”？所以赤木明登告诫我们，餐具必须优美，厨房必须干净，进食必须遵循礼仪，因为你是在向鲜活作最后的道别，在向杀戮这种行为进行忏悔与祈祷。

盐烤整条秋刀鱼，尽管鱼肠略有苦味，但苦味本身就是秋味。油脂落入炭火，一股油烟升腾，被烟熏过味道更佳。洒上柠檬汁，蘸上萝卜泥，就是男人的味道了。诗人佐藤春夫有首有名的《秋刀鱼之歌》，“一个男人，今晚孤独地吃秋刀鱼，令他思绪茫然”。据说，他喜欢上了谷崎润一郎的妻子石川千代，并用秋刀鱼表白自己属于“旬物”。小津安二郎导演的最后一部影片是《秋刀鱼之味》。迈入老年的父亲和过了婚期的女儿，二人若即若离的淡淡的人生况味，宛如秋风吹来的秋刀鱼，虽然腹部银光闪闪，但盐烤后的哀愁还是给人留下了印象。而在日本人看来，仿佛咬了一口春天滋味的是樱鲷。日本七福神之一，也是唯一的海上守护神惠比寿手提鱼竿，抱的就是樱鲷。用鱼竿而不用渔网，是忠告重商者一切按旬做事，不可太贪心，要物心一体。

4

日本的俳句是世界上最短的诗，何以能做到最短？何以能没有多余的造作？看来还是与旬有关。

俳句与旬有关，首先表现在季语里。俳句设定季语，是俳句的生命之眼。“菊の後大根の外更になし”（菊花之后无他物，唯有大萝卜）。如果不是出自芭蕉之手，这句白话谁会视为好俳句？但看点恰恰在于抓住变幻季节中的旬，将萝卜这个凡俗之物与季节的味觉相连，写出了生活中的风雅。此后还有水原秋樱子的“僧堂の飯の白さよ新豆腐”(僧堂白米饭,又添新豆腐)。白米饭的白，新豆腐的白,这里用双“白”在诉求秋白与冬霜。可以说是低智商，但恰恰是这“低智商”将季节的旬、时令的旬悄悄地放进了我们的碗筷中，非常有意味。

俳句里的微光与战栗，就是从季语中来的。来看看俳句用了哪些令人心动的季语。

俳句中春的季语有:春雨,春寒,春愁,春夜,蝴蝶,樱花,银鱼,梅花，青蛙，月朦胧，菜花，偶人，离去，树芽，雪融，春草，斗鸡，春日，黄莺，桃花，翡翠鸟，田螺，花见……

俳句中夏的季语有:夏月,梅雨,青梅,朝颜,鲣鱼,香鱼,七夕,阳伞，蝉声，合欢花，杜鹃，芭蕉，帆船，团扇，萤火虫，蚊子，麦子，野蔷薇，藻花，苍蝇，粽子，银河，凉粉，河童，丝瓜花，海鸥，伏月，草莓，风铃……

俳句中秋的季语有:秋风,秋深,秋冷,秋蝉,月雨,花野,月客,秋月，牵牛花，向日葵，浴衣，月夜，灯笼，柳落，柿子，明月，菊花，常春藤，胡枝子，夕雾，麦秋，秋高，鸡冠花，梧桐一叶，长月，露珠，狗尾草，新米，名月，木槿，寒雾……

俳句中冬的季语有:枯野,冬雨,寒梅,新年,老鹰,寒夜,落叶,冬莺，寒冬树，霜降，薪木，寒风，积雪，小阳春，冬蜂，枯草丛，枯芒，萝卜，乌鸦，风雪，麻雀，围脖，岁暮，山眠……

用春的季语，松尾芭蕉写出了“暮春匆匆归，鸟啼鱼落泪”；

与谢芜村写出了“菜花黄，东升月西落日”。用夏的季语，正冈子规写出了“丝瓜花淡淡开，痰堵喉咙成佛啦”;夏目漱石写出了“敲木鱼，飞出白日蚊”。用秋的季语，加贺千代女写出了“牵牛花绕水桶，便向邻家求水去”；大伴大江丸写出了“两个都是涩柿子，两个都摘下”。用冬的季语，服部岚雪写出了“寒梅虽一朵，也是寒天冬”；原石鼎写出了“一片朱唇，围脖上留下轻浮状”。

季语何以可能？自然与心相有关。那心相又为何物？看看日本人至今还保留如下的说法就明白了——旧历一月为草绿月，旧历二月为木芽月，旧历三月为早花咲月，旧历四月为木叶月，如此这般，一直到旧历十二月为梅初月。

原来，心相就是我去你留的两个秋，就是对悠悠岁月表达追忆之情的一种旬。

5

旬物与旬味，从某种意义上说还是放大的季节感。或者说，季节感就是旬在春天的发情，在冬天的醉眠。日本人对旬的在意和拘泥，是季节和风物在意识中的自觉反哺与轮回。

木与春夏秋冬相连，只有在日本才有椿、榎、楸、柊。椿是早春的花，榎是初夏的花，楸是初秋的花，柊是初冬的花。日本人会在意三月的石垣缝隙里，冒出头来的点点色彩。比如小豆草、蛇草、人参草、大荠菜、小荠菜、艾蒿。他们会说，这不是早春的花吗？

而濑户内海波涛声声的小村庄，樱鲷进了网，表明真正的春天来临了。万籁俱寂，没有月亮，啪嗒一声，什么东西落地了。哦，是一颗熟透的梅子脱离枝头的声音。这五月黄梅的雨，日本人会说是落梅的旬。盛夏时节开始鸣叫的是梨蜩、茅蜩。而当听到寒蝉声，便知秋天已临近。吊起的金属风铃，秋风吹铃响，声音虽无变化，但也让人有寂寥之感。风力恰到好处时，铃声悲凉而清晰。狂风大作时，挂着的长纸条皱巴巴地发不出声来，即便有声，也是干干的，让人想到已是晚秋。秋天的美味，日本人说是葡萄、栗子、松茸、野木瓜和猿梨。秋天的寂，是看见柚子高高地挂在树梢上。

四季的情趣，清少纳言说春天是破晓最好，夏天是夜半最好，秋天是傍晚最好，冬天是早晨最好。那个时候她就有个微小的心愿，楝树一定开在端午节的前后，尽管样子难看枯槁，但花开得确实有情趣。“春花秋月杜鹃夏，冬雪皑皑寒意加。”这是道元禅师的和歌，“冬月拨云相伴随，更怜风雪浸月身。”这是明惠上人的和歌，都被川端康成用旬的心情引用过。日本人至今还保留了写信用季语开头，如一月的晚冬甚寒，四月的野山新绿，八月的残暑新凉，十一月的深秋夜寒。他们敏锐的旬感还表现在鱼的名字上。如鰆、春告鱼、秋刀鱼、鳅、鮗。此外还有梅雨鲇、夏鲣、秋鲭、寒鰤等。更不必说他们夏天用玻璃器皿表现清爽，冬天用漆碗来装热汤，春天与秋天的器皿必须要有樱花和红叶。

看上去是机械的春夏秋冬的轮回，是没有太大创意的景物排列，是人的浅薄、无深度。但是转换一下思维，我们就会发现，“冬月啊，风刮你，你不冷吗？雪吹你，你不寒吗？”这是哲学与月亮的对话，更是时令与心绪的对话。三岛由纪夫看菖蒲，说这种端午节开放的花朵，令人不由得想起潜伏在武士道精神中那充满肉感的东西。川端康成则更喜欢藤花，说低垂的藤蔓上开着的花儿在微风中摇曳的姿态，是多么具有女性优雅，多么具有日本情调。日本人的意识深处会有这样的体验：凄凉的黄昏伴随着恐怖，是在晚秋向初冬过渡的寒冷时节。一近黄昏，黑暗立即袭了过来。而日本的诗歌和小说都有一种特殊的春眠情调，源于阳春丽日的悠闲白昼中的小憩。这春眠情调其实也与旬有关。不断寻找或等待鲜活的结果，就是对鲜活的反刍——春眠不觉晓。

京都的唐草花纹是从西阵狭窄小巷里织机的鸣声中而来。京都的舞伎们总是在黑暗中游走，白皙的脸盘，华丽的衣饰，优雅的身段，令人感到夜色愈发浓重与深沉。祇王寺长满青苔的庭院，记忆深处总是落了一层樱花瓣。而嵯峨野里的厌离庵，总是茅蜩鸣声不断，一排小叶罗汉松把喧闹挡在外面，只留下幽寂。一查历史，原来这座厌离庵是当年藤原定家精选《小仓百人一首》的地方。当然从八坂来到圆山公园，知恩院的钟声在除夕之夜鸣响，“当——”的一声拖着长长的余韵，深深地融进夜色，片刻的宁静是为了等待再次撞击的瞬间。钟声回荡，新旧交替又一年。日本的旬就像高照的佛性，无所不在，无时不在。旬用自己的深度告诉我们一个古老的寓言：日与月、天与地都要走向灭亡。没有一个例外，没有一个侥幸。何况人乎？从旬中生出了日本人的无常。这无常当然是哲学的、是精神的。一个国家的文明体质竟然与风花雪月的旬物旬味有关，不禁让人感叹大自然的奇妙，感叹生命的奇妙。旬的思想教导人们，虫茧内包裹了小生命，这个小生命是最大最好的。

6

何谓物心一体？只要看看和果子中的四季、四季中的和果子就明白。春的青绿，夏的清凉，秋的枯寂，冬的晶莹，和果子用形态和创意将美学表现出来。黄莺的和果子看似简单，却莫名地让人感到温暖。垂樱的和果子，白豆馅儿外薄薄地裹了一层米粉糕，似乎花瓣也在无声地飘落。赏红叶的和果子，其创意是用羊羹和栗子馅合成秋意十足的图案，羊羹的颜色不同，表现出红叶色泽的变化。在京都，则有山形的文字烧、团扇、风铃和金鱼组合而成的和果子。

在炎热的夏天吃“琥珀梅子”，酸甜生津的同时给人清凉的感觉。日本匠人采用和歌山产的顶级南高梅，将梅肉和砂糖、麦芽糖、寒天等佐料一起放入梅酒风味的果冻里。果冻的金黄包裹着整个梅子，还真像珍贵的琥珀。夏天赤脚在榻榻米上走动，从冰箱里拿出梅子果冻，挖一口放入嘴里，那过瘾的感觉胜过空调。

日本人说最大的“旬”是在沉甸甸的萧瑟秋风里，能吃到“粹甘肃”。用长野县市田的干柿，夹上白色豆馅，包上薄薄的羊羹，撒上匀质的白粉，其特点就是三个字：粹、甘、肃。所谓“粹”是指不搀杂质、精心挑选的柿子。所谓“甘”是指柿子脱水后表面形成的无杂质的糖结晶。所谓“肃”是指在时间上被凝缩的干柿，传递着静谧和肃寂。位于冈山的源吉兆庵是“粹甘肃”的本家。

“新宿高野”是专营水果芭菲的店，更是专营无与伦比的物心一体的旬的店。这家店每月采用不同的旬物水果制成芭菲，一月初至二月底是草莓芭菲，三月中旬是凸顶柑芭菲，三月至四月上旬是樱花芭菲，如此这般，一直到十二月的洋梨芭菲。

而和果子风雅的名字本身就是一首风物诗，如千鸟、姬菊、木槿、若樱、花水木、圣夜、春宵、朝露、月玲子、锦玉羹、紫舟、淡雪羹、寒天、黄身时雨、善哉、松露、桃山……如果说以掌心掬水，手掌的姿势便是器物的原型的话，那么以四季轮回，风物的变化便是和果子的原型。物中有心，心中有物，这是哲学的说法。但日本人的说法更具旬味：大圆月，印在门帘上。

7

村上龙的料理小说，将三十二个吃遍天下的故事收纳在一个小小的胃袋里，然后顺着这个胃袋，再滑向敏感的性器。如果说体验味觉是对生命的残忍，那么体验性觉则是对生命的张扬；如果说料理的滋味是无法原谅的罪恶，那么情事的快感则是无法忘怀的鲜活；如果说味觉以杀生为前提，那么性觉以养生为前提。大快朵颐后就想上床，情事完后大叫肚子饿。味觉和性觉怎么看都是一对孪生兄弟，无怪乎古人说食色性也。

吃生鱼片的感觉，就是凉飕飕的感觉，是软软的清新的感觉。滑入喉咙的触感能引发情欲之感，这是否就是日本人喜欢生鱼片的最大奥秘？虽然不得而知，但村上龙写女人的吃相，“鳗鱼的油脂从她的嘴角流了下来，她用因唾液和油脂变得发亮的舌头，舔掉了油脂。”从这段文字能联想到，如果说快乐隐藏在禁忌中，那么爽快则暴露在罪孽里。混在烤味噌中的山椒香味和刺激舌头的浓烈味道，你如何让其消失？这样看来，旬就像一枚刺激神经末梢的针头，能准确地触碰人的味蕾的高潮点，释放出或强烈或清淡或粗陋或细润的感官体验。日本料理独一无二的私密是否也在这里？

痛楚与快感有时酷似得被认为是同源。渡边淳一的《失乐园》中，雪白的床单，女人泡完澡热乎乎的身子，胸部隐隐泛红，窗外飞雪，温泉木屋内的水蒸气，怎么看都是情事的旬。池波正太郎这样解释他的书名《昔日的味道》：不论是高级餐厅还是街头小摊，只要令你心动的，让你记忆几十年都不忘的，就是昔日的味道。村上春树的《挪威的森林》里，渡边第一次到绿子家，绿子给他做了生鱼片、西京风味鲅鱼、炖茄块，都是旬物，通过舌头与喉咙顺利地滑入了渡边的体内，微妙的旬味温暖着应该被温暖的内脏。这是味觉的隐喻，当然也是情事的隐喻，更是旬的隐喻。村上龙说，所有的女人都是奢侈品，所有的男人都是消耗品。这奢侈品与消耗品之间的中介物就是旬。女人如何旬得奢侈？男人如何消耗着旬？这是否就是我们今天谈论旬的意义所在？这正如催人泪下的芥末，呛就是它的旬。它触碰人的味蕾，就像触碰女体的花蕾一样带来刺激。

毫无疑问，旬给人带来欢乐，是因为旬就是欢乐的本身。旬里有生活的态度，更有人的“人之初”。从这一意义上说，旬又是神圣之物。而神圣之物就难以用传统的知性和感性来关照，必须用身体性和心性加以全新注释。用身体性感知鲜活，用心性体悟风物。日本人将旬味，将风物，将季节，将时令有意识地融于日常生活，也忠实地传给后代，甚至感染着我们这些来自外来文化的人。散文家圆地文子说，落叶后的银杏，其枝和干依然在冬日天空里描画出刚毅的墨线。旬在这里表现出孤傲的耐力。日本人喜欢章鱼，但章鱼的攻击方法令人恶心。它什么锐利武器也没有，只用肉体的软足与吸盘紧紧地去缠去箍。江户时期葛饰北斋的《章鱼与海女》，表现的是章鱼与海女都从未体验过的歇斯底里的喜悦。日本人说，这幅浮世绘充满了不变的旬味——生殖崇拜与情欲。

8

迎新年的镜饼[①]，扁圆形的雪白之姿，象征着稻青穗实的瑞穗之国。日本人相信镜饼里住着神,所以家家户户都备镜饼过年。《源氏物语》“莺初啼帖”中就有宫中女子摆放镜饼，举行“齿固[②]”

①即圆形年糕，日本有在正月以镜饼供奉年神的习俗。

②吃年糕等硬物以祈愿健康长寿。

仪式的描写。如果说镜饼是神品，那么元旦这天的杂煮就是人神共进神圣的餐食。一月十一日是将镜饼拿下来加工食用的日子，称为“开镜饼”。

当然还有节分日撒豆，一边撒一边喊“鬼出去，福进来”，意为驱魔辟邪，多福多寿。这也是古已有之，至少是在平安时代，每逢除夕，宫中就举行这种仪式。

三月三日是女儿节，又为万物之始的春。人们在家里摆设人偶，供甜米酒和桃花等，故也称桃花节。而婚后多年未孕的女性，在女儿节独摆偶人，令人感伤。江户时代的俳人服部岚雪有俳句：石女独自玩偶人，很是哀伤。初春应喜悦，应入世，故备人偶以庆生，庆生的同时又想到了哀。这是充满了日式情绪的句。

五月初夏时节，阳光下旗子在风中鼓荡。家家户户的屋顶上，越过海洋、陆地、田野而来的夏日之光闪闪烁烁，金红色的鲤鱼在旗子上生气勃勃地游动。这五月的鱼象征对孩子未来的祝福。不可思议的充满欲望的鲤鱼，是给五月五日男儿节的礼物——立夏的旬之味。立夏与男儿节重叠，在人们记忆深层留下挥之不去的影像：男孩们光着小小的上身，在水池里、在泥土里嬉耍欢闹，泥鳅、蝌蚪、小鱼成了他们的旬物。

十一月十五日是七五三的祝日。银杏的枯叶飞舞着，空气也染上初冬金黄的澄明。年轻的母亲带着穿和服的孩子去神社参拜，祈祷神明保佑孩子健康成长。三岁和五岁的男孩，三岁和七岁的女孩，在这一天要吃象征健康长寿的“千岁饴”。这相传是江户时代第五代将军德川纲吉的长男德松从小身体就虚弱，为庆贺活过五岁而举行的祝事。那是一六五〇年十一月十五日的事情。而选这一天，是因为旧历正好是“鬼宿日”，被认为是除举办婚礼外均大吉大利的日子。从秋到冬的转换，让日本的孩子从小就在心里，默默地为保佑和感谢留下了应有的位置。

当然还有很多很多，如萤火是初夏的风物诗。宇治川的萤火合战全国有名。随风摇晃的窗帘对面有微光，微光的源头就来自于萤火。梅雨的天空下，淡淡的紫阳花令人悦目。“紫阳花”三字来自于白居易的诗，日本人读作“ajisai”。《万叶集》里则用“味狭蓝”和“安治佐为”来表记,表明日本自古就有色紫气香的紫阳花。永井荷风的短篇《雨潇潇》，来自于晚唐诗人温庭筠的“江雨潇潇帆一片”，多么有趣。

一年的日子，一日复一日。波澜不惊，平静如水，但季节感的岁时，在悄然地变幻着旬物与旬味，给平淡的日子添上一缕新绿，一目红痕，一片雪白，细腻得无以复加，充满魅力与力量，深入骨髓。

图书在版编目（C I P）数据

十六个汉字里的日本 / 姜建强著. -- 北京 : 新星出版社, 2019.4
ISBN 978-7-5133-3000-8

Ⅰ. ①十… Ⅱ. ①姜… Ⅲ. ①文化研究－日本 Ⅳ. ①G131.3

中国版本图书馆CIP数据核字(2018)第047862号

十六个汉字里的日本
姜建强 著

责任编辑 汪 欣
特邀编辑 翟明明 褚方叶
装帧设计 李照祥
责任印制 史广宜
内文制作 田晓波

出 版 新星出版社 www.newstarpress.com
出 版 人 马汝军
社 址 北京市西城区车公庄大街丙3号楼 邮编 100044
电话 (010)88310888 传真 (010)65270449
发 行 新经典发行有限公司
电话 (010)68423599 邮箱 editor@readinglife.com
印 刷 北京富达印务有限公司
开 本 850mm×1168mm 1/32
印 张 9.75
字 数 221千字
版 次 2019年4月第1版
印 次 2019年4月第1次印刷
书 号 ISBN 978-7-5133-3000-8
定 价 68.00元